성공하는 리더의 9가지 성품

예수님에게 배우는 훌륭한 지도자의 자질

제프 아이오그 지음
서진영 옮김

요단

성공하는 리더의 9가지 성품

제1판 1쇄 발행 2010년 5월 20일
제1판 5쇄 발행 2022년 8월 30일

지은이	제프 아이오그
옮긴이	서진영
발행인	김용성
펴낸곳	요단출판사
주 소	(07238) 서울특별시 영등포구 국회대로76길 10
기 획	(02)2643-9155
보 급	(02)2643-7290 Fax (02)2643-1877
등 록	1973. 8. 23, 제13-10호

ⓒ 2010. 요단출판사 all rights reserved.

정가 15,000원

ISBN 978-89-350-1293-0 03230

이 책의 한국어판 저작권은 요단출판사가 소유하고 있습니다.
출판사의 사전 승인 없이 책의 내용이나 표지 등을 복제, 인용할 수 없습니다.

ⓒ 2007 by Jeff Iorg
All rights reserved
Printed in the United States of America
Published by B & H Publishing Group,
Nashville, Tennessee

Korean Edition Copyright ⓒ 2010 by Jordan Press
605-4 Mok-3dong Yangcheon-gu
Seoul, KOREA

THE CHARACTER OF
LEADERSHIP

JEFF IORG

차례

1장. 그리스도를 닮은 성품으로 자라가기 … 007

2장. 하나님의 말씀에 정직하게 반응하기 … 029

3장. 하나님 안에서 안정감 누리기 … 055

4장. 예수님의 순결함 닮기 … 079

5장. 하나님의 시선으로 겸손해 지기 … 103

6장. 예수님의 마음으로 섬기기 … 125

7장. 말씀과 기도로 지혜 얻기 ⋯ 147

8장. 하나님 앞에서 자율적으로 살기 ⋯ 167

9장. 하나님의 사랑 안에서 용기 내기 ⋯ 189

10장. 하나님의 사랑으로 열정 지속하기 ⋯ 211

11장. 예수님의 성품을 향해 나아가기 ⋯ 233

1장

그리스도를 닮은
성품으로 자라가기

성공하는 리더의
9가지 성품

내가 이십대였을 때는 이 세상을 변화시키고 말겠다고 결심을 했다. 삼십대에는 교회를 개혁하려고 애썼다. 그러나 사십대 초반이 되자 문제는 바로 나라는 사실을 알게 되었다.

그날은 참 괴로운 날이었다.

대부분의 젊은 지도자들과 마찬가지로 처음 사역을 시작했을 때 나는 무언가를 변화시키려는 열정으로 가득 차 있었다. 세상을 바꿔놓겠다는 나의 결의는 물론 잘 이루어지지 않았다. 그다음으로 나는 교회가 문제라고 생각했다. 그래서 새로운 교회를 시작했다. 교회는 건강한 모습으로 성장했지만, 그래도 뭔가가 부족했다. 그래서 나는 내 주변의 사람들과 환경을 변화시켜 보려고 노력했다. 그러나 그러면 그럴수록 좌절감만 깊어져 갔다.

이 책에 나오는 일련의 힘든 과정을 통해서 하나님은 나로 하여금 인정하기 어려운 현실을 직면하게 하셨다. 즉 문제는 바로 나 자신에게 있다는 것이다! 그래서 지난 십년 동안 나는 하나님께서 원하시는 것을

"하는" 것이 아니라 하나님께서 원하시는 지도자가 "되는" 것에 초점을 두었다.

오해하지 말기 바란다. 나는 여전히 아주 바쁜 삶을 살고 있다! 나는 하나님이 주신 일을 열심히 하고 있다. 나를 평가하는 사람들은 근면과 신뢰성, 성실함 등에 높은 점수를 준다. 할 일이 없는 것이 문제였던 적은 한 번도 없었다.

이 책을 읽고 자기가 맡은 일에 대해 소극적이 되거나 효율적으로 일하지 못하는 것을 정당화하거나 사역에서 게을러지는 쪽으로 변한다면 내 말을 오해한 것이다. 하나님은 우리가 열심히 더 효율적으로 일할 수 있는 방법을 익히고 배우기를 원하신다. 그런 면에서 도움이 되는 책들이 많이 있다. 대부분의 학교와 신학교들과 세미나들이 이러한 기술에 초점을 맞추고 있다. 대부분은 다 도움이 된다. 그러나 이 책은 어떻게 지도자로서 일을 하느냐(to do)가 아니라 어떻게 지도자가 될 것인가(to be)에 관한 것이다.

사실 너무나 많은 젊은 지도자들이 나와 같은 상태에서 출발을 한다. 그들은 필요한 것들을 배우고 정해진 일들을 하면 하나님뿐 아니라 성도들과 동역자들을 만족시킬 수 있으리라고 믿는다. 그리고 자신도 깊은 성취감을 느낄 수 있으리라고 기대한다. 그러나 이제 나는 깊은 성취감은 하나님을 친밀하게 아는 데서, 나를 예수 그리스도의 형상으로 만들고자 하시는 하나님의 목적을 이해하는 데서, 그리고 그 목적을 위해서 하나님의 말씀과 나의 환경을 어떻게 사용하고 계시는지를 분별하는 데서 온다는 것을 알게 되었다.

하나님이 원하시는 지도자 되기

> 당신을 향한 하나님의 목적, 당신을 예수님의 형상으로 만드는 것은 언제나 선한 목적이다. 그리고 이것이야말로 좋은 소식이다!

| 하나님은 당신을 위해 분명한 목적을 가지고 계신다

하나님은 당신을 위해 궁극적인 목적을 가지고 계신다. 간단히 말해서 하나님은 당신을 예수 그리스도를 닮은 사람으로 만들기를 원하신다. 로마서 8장 28~29절은 이 목적을 요약하고 있다. "우리가 알거니와 하나님을 사랑하는 자 곧 그의 뜻대로 부르심을 입은 자들에게는 모든 것이 합력하여 선을 이루느니라 하나님이 미리 아신 자들을 또한 그 아들의 형상을 본받게 하기 위하여 미리 정하셨으니 이는 그로 많은 형제 중에서 맏아들이 되게 하려 하심이니라."

이 구절에는 엄청나게 많은 뜻이 담겨 있으며, 이미 엄청나게 많은 책들이 쓰여졌지만, 여기서는 인격 형성에 관련된 핵심적인 것만 몇 가지를 요약해 보자.

하나님은 분명한 목적을 가지고 계신다. 이것이 이 구절에 확연히 드러나 있다. 우리는 "그의 뜻대로 부르심을 입었다"라는 말씀처럼 하나님은 뜻이 있으시고 우리 각자 안에서 뭔가를 하고 계신다.

하나님의 목적은 우리를 예수님의 형상으로 만드시는 것이다. 이것 역시 아주 분명하다. "그 아들의 형상을 본받게 하기 위하여"라고 되어 있다. 하나님은 우리 지도자들을 포함해서 모든 자녀들을 예수님을 닮은 모습으로 재창조하기 위해서 바쁘게 일하고 계신다.

하나님은 자신의 목적에 대한 의지를 가지고 계신다. 로마서는 아주 강력한 신학적 언어를 사용해서 이렇게 말한다. "하나님이 미리 아신 자들을 미리 정하셨다." 우리가 확실히 알 수 없는 어떤 방식으로 하나님은 우리가 예수님의 형상으로 변화될(will) 것을 아시고 또 정하신다. 하나님은 그것을 위해서 쉬지 않고 일하고 계신다. 즉 하나님께서 뜻하시고 이루신다. 오래 전에 하나님께서는 이사야에게 상기해주셨다. "나는 하나님이라 나 같은 이가 없느니라 내가 시초부터 종말을 알리며 아직 이루지 아니한 일을 옛적부터 보이고 이르기를 나의 뜻이 설 것이니 내가 나의 모든 기뻐하는 것을 이루리라 하였노라"(이사야 46:9b-10). 하나님은 우리를 예수님의 형상으로 만들고자 하는 목적과 의지를 가지고 계신다.

하나님의 궁극적인 목적은 우리의 상황에 의미를 부여한다. 사람들은 흔히 이 구절에 있는 "모든 것"이라는 말을 나쁜 일이 일어났을 때 주로 적용한다. 무언가 위급한 일, 슬픈 일, 혹은 죽음이 닥쳤을 때 이 구절에서 위로를 받는다. 그것도 물론 맞는 일이다. 그러나 여기서 말하는 "모든 것"은 좋은 일이든 좋지 않은 일이든 인생의 모든 일들이 우리를 변화시키기 위해서 합력하여 일한다는 것이다. 하나님은 우리의 모든 상황 속에서 우리를 예수님의 형상으로 변화시키기 위해서 일하고 계신다. 이 위대한 영적인 사실을 받아들이고 인정하면 우리의 상황이 아무리 어렵더라도 기독교인의 인격 발달이라는 맥락에서 보면 이해할 수 있다.

하나님의 목적은 선하시다. 그래서 하나님은 우리의 인생에 좋은 결과를 가져올 수 있는 상황을 허락하신다. 그러나 모든 상황이 그 자체로 선한 것은 아니다. 어린이의 죽음이나 치명적인 질병, 국가적인 재앙 등 무시무시한 일들 자체가 선하다는 것은 아니다. 그러나 그런 것들이 하나님의 궁극적인 목적과 연결되면 거기에서 선한 것이 나올 수 있다고 약속하시는 것이다. 하나님은 우리에게 허락하신 모든 상황에서 선한 결과가 나오게 만드실 수 있다. 즉 우리의 내면이 예수님을 닮아가도록 하실 수 있다.

이제 이것을 우리 각자에게 적용해 보자. 하나님은 우리를 향한 목적을 갖고 계신다. 하나님의 목적은 우리가 더욱더 예수님을 닮도록 하는 것이다. 하나님은 이 목적을 위해 쉬지 않고 일하신다. 하나님께서는 이 목적을 위해서 환경을 만들고 움직이며 지휘하신다. 그러므로 우리가 지도자로서 겪는 일에는 다 목적이 있다. 당신을 향한 하나님의 목적, 당신을 예수님의 형상으로 만드는 것은 언제나 선한 목적이다. 그리고 이것이야말로 좋은 소식이다!

| 훈련장으로서의 리더십

우리는 하나님이 왜 특정한 지도자의 위치나 책임을 사람들에게 맡기시는가라는 질문한 적이 있는가? 대부분의 대답은 하나님께서 나를 _____에 쓰기 원하시기 때문이라는 것이다. 나도 처음 사역을 시작했을 때는 그렇게 생각했다. 하나님은 내가 목사가 되기를 원하시고, 그것은 내가 교회를 이끌고, 성경을 가르치고, 복음을 전하고, 깨어진 가정들을 회복시키고, 지역사회에 영향을 미치게 하시려는 것이라고 생각했다. 나는 하나님께서 길 잃은 사람들에게 복음을 전하고 새로운 교회의 모범을 보여주고 사역의 새로운 방법론을 창조할 수 있게 하시려고 내가 교회를 개척하기를 원하신다고 생각했다. 그리고 하나님께서 나를 교단의 지도자로 부르셨을 때도 나는 하나님께서 교회의 관습에 새로운 비전을 불어넣고 협력하는 사역에 관한 새로운 사고방식과 지도자를 양성하는 새로운 방법을 개척하라는 뜻으로 받아들였다.

물론 이것들은 다 하나님이 나에게 특정한 일들을 맡기신 좋은 이유들이다. 하지만 그 중 어느 것도 궁극적인 목적은 아니었다. 하나님께서 나를 어떤 위치에 놓으신 궁극적인 이유는 그 위치, 그 시간을 사용하셔서 나를 예수님의 형상으로 변화시키기 위한 하나님의 목적을 이루시는 것이었다.

이 사실을 이해하게 된 것은 내가 교단의 지도자로 일하기 위해 개척한 교회를 떠날 생각을 하고 있을 때였다. 이 상황에 관해 곰곰이 생각하던 중 나는 이미 잘 알고 있으면서도 받아들이기 싫었던 사실이 있다는 것을 알게 되었다. 그것은 목사로서 편안하게 지내고 있다는 사실이었다.

편안하게 지냈다는 것은 내게 주어진 일을 하는 하루하루의 영적인 도전이 그렇게 크지 않았다는 뜻이다. 우리 교회는 건강한 교회였고, 나는 그것을 유지하기 위해 어떻게 해야 하는지 기본적인 방법을 알고 있었다. 나는 파도타기를 즐기고 싶었다! 내 사역의 분야를 바꾸는 것, 내가 거의 경험도 없고 지식도 없는 새로운 사역을 한다는 것, 지도자로서의 정체성을 바꾸는 것은 나에게 엄청난 결단을 요구하는 일이었다. 기도 가운데 하나님께 왜 이런 변화를 원하시는지를 여쭈었을 때 이런 생각이 떠올랐다. 하나님은 내가 다시 성장할 수 있는 훈련장으로 가기를 원하신다는 것이다. 하나님은 내가 하나님을 알기를 원하시고 예수님처럼 되기를 간절히 갈망하셨다.

내게 있어서 목사직은 마치 실내 수영장에서 헤엄치는 일같이 되어 버렸다. 그 안에서 나는 능숙하게 헤엄을 치고, 모든 일을 잘 처리하고, 조금씩 발전하고 있었다. 그러나 하나님이 주시는 이 새로운 역할을 받아들이는 것은 마치 내가 바다에 던져지는 것과 같았다. 더 이상 쉽게 헤엄치고 있을 수가 없었다. 다시 한번 나는 나의 영적인 생명을 지키기 위해서 결사적으로 헤엄을 쳐야 할 것이었다.

신학교 총장직을 수락할지를 놓고 고민하게 되었을 때 이러한 확신은 더욱 확고해졌다. 총장 초빙위원회의 연락을 받은 뒤 첫 기도는 "아버지, 이것이 제가 좀 더 예수님과 같이 되도록 하기 위해서 아버지께서 원하시는 일인가요?"였다. 거의 십 년간의 교단 지도자 역할을 돌이켜 보며 나는 목사직을 떠날 때와 비슷한 느낌을 다시 느꼈다. 이번에는 하나님의 부르심에 응답하는 데 있어서 나 자신과, 아내와 하나님께 더 정직할 수 있었다.

나는 하나님께서 나를 신학교 총장으로 부르신 이유가 신학교를 위해서 내가 할 수 있는 일 때문이라고 생각하지 않는다. 하나님께서 나를 여기에 부르신 이유는 이 환경들을 사용해서 내가 늘 새롭고 더욱 깊은 방식으로 예수님을 닮아가게 하시기 위해서라고 믿는다. 물론 그 과정의 일부는 신학교를 섬기고 인도하는 것, 내 할 일을 하는 것이다. 그러나 나의 초점은 내가 신학교 공동체를 위해서 무엇을 할 수 있는가보다는 신학교 공동체와 그것이 주는 도전과 환경이 내 안에서 어떤 일을 하도록 할 것인가에 있다.

지도자의 역할과 위치와 소명, 직무는 하나님이 지도자를 훈련하시는 훈련장이다. 하나님이 우리가 처한 곳으로 우리를 부르신, 혹은 새로운 곳으로 부르시는 것은 우리를 예수님의 형상으로 변화시키시기 위한 완벽한 훈련장을 주시기 위해서이다. 하나님은 우리의 상황을 주재하고 계시고 우리를 변화시키기 위해서 이를 사용하신다 - 우리가 할 일은 하나님의 일하심을 분별하고 순종하는 것이다.

이 책은 하나님께서 어떻게 이 과정을 이루어가시는가에 관한 것이다.

인격 형성의 기초

그렇다면 하나님은 어떻게 우리의 성품을 만들어 가시는가? 하나님은 세 가지를 하나로 합쳐서 성품을 형성하신다. 즉 성경과 환경과 우리의 분별력 있는 반응이다.

이 시점에서 자연스럽게 떠오르는 질문은 "정말로 인격이 평생에 걸쳐서 발전하는가?"라는 것이다. 인격은 어린 시절에 이미 정해져 버리는 것 아닌가? 세 살 버릇이 여든 간다는 말도 있지 않은가? 어린 시절 "성격 형성기" 때에 내면의 핵심은 다 형성되는 것이 아닌가? 정말로 그 후에도 지속적인 변화가 가능한가?

확실히 성격과 가치관은 유전자와 어린 시절의 경험과 가족관계, 그리고 다른 여러 가지 유년기의 경험에 많은 영향을 받는다. 그러나 그리스도인에게 있어서는 유년 시절의 성격 형성이 정말로 마지막 형성 과정일까? 답은 분명히 "아니라"는 것이다.

기독교의 교리인 성화, 곧 은혜 가운데서 성장하는 것, 혹은 온전히 헌신된 예수님의 제자가 되는 것, 끊임없이 하나님의 방법을 배우는 것은 분명히 일생에 걸친 인격의 성장을 요구하고 있다. 사람의 성격은 유전자와 어린 시절의 환경에 의해 대개 결정되지만 인격은 평생에 걸쳐 계속해서 형성되고 발전한다.

그렇다면 하나님은 어떻게 우리의 성품을 만들어 가시는가? 하나님은 세 가지를 하나로 합쳐서 성품을 형성하신다. 즉 성경과 환경과 우리의 분별력 있는 반응이다.

| 하나님께서는 성경을 사용하신다

인격 발전을 위한 가장 중요한 자원은 성경이다. 하나님의 말씀은 우리가 가진 모든 생각과 감정과 인상과 느낌과 선택과 가치관을 재는 기준이다. 성경을 규칙적으로 매일 읽고, 성경을 주의 깊게 공부하고, 성경 말씀에 대한 분명한 설교와 가르침을 받고, 중요한 구절들을 암송하는 것은 그리스도인의 인격 형성의 기초이다. 성경을 자신의 가치관과 행동의 기준으로 삼음으로써 인격 형성이 감정적이고 주관적으로 흐르지 않도록 할 수 있다.

이것은 지극히 중요한 것이다. 포스트모더니즘 시대를 살고 있는 우리에게 대중적인 심리학과 대중적인 종교는 자신이 정의하고 자신이 동기를 부여하는 온갖 종류의 자아실현 과정을 통해서 내면적인 평화와 내적인 성취감, 내적인 자아실현을 추구하도록 끊임없이 부추긴다. "자아"가 너무 충만하다! 이러한 자아실현의 욕구 역시 우리가 직관적으로 내면적 성장의 필요를 느끼고 있다는 것을 보여준다. 하지만 슬프게도 하나님의 말씀을 방정식에서 제거한 결과 하나님께서 창조하신 이 욕구가 오도되고 있다.

불행히도 포스트모더니즘의 영향을 받은 영적 탐구자들은 절대적인 진리나 절대적인 권위에 대한 순종하지 않는 유사 지성, 유사 영성을 주장한다. 그들은 내면의 존재를 발전시키기를 원하지만, 자기 자신의 생각대로 하려고 한다. 이러한 오류에 빠지지 않기 위해서는 하나님의 말씀을 정기적으로 듣는 것이 꼭 필요하다. 읽고 암기하고 묵상하고 공부하고 또 무엇보다도 하나님의 말씀이 우리의 선택과 태도를 결정하도록 해야 한다. 성경의 인도가 없다면 자신의 주관적인 영적 체험이라는 바다에서 방향을 잃어버릴 것이다.

예수님을 닮고자 하는 마음이 있는 것은 건강한 기독교인임을 보여주는 증거다. 이런 사람은 하나님의 궁극적인 목적을 구하고 자신이 변화되기를 기대한다. 그러나 이런 과정이 정말로 당신 안에서 그리스도가 형성되는 결과를 낳으려면 성경이 우리 인생에 가장 중요한 일부가 되지 않으면 안 된다. 인격 형성의 전 과정을 하나님의 말씀, 하나님과 인생과 하나님을 경험하는 것에 관한 성경의 가르침에 온전히 맡겨야만 한다.

| 하나님은 우리의 환경을 사용하신다

하나님께서 사용하시는 두 번째 중요한 도구는 우리의 환경이다. 하나님은 모든 환경을 사용하시지만, 지도자들을 위해서 특별히 사용하시는 것은 우리가 섬기는 현장이다. 하나님은 사역의 어려움을 사용하신다. 그리고 모든 사역의 현장에는 어려움이 있다. 하나님은 또한 우리의 삶에 허락하신 사람들, 친구와 적을 모두 사용하신다. 하나님은 우리가 지도자로서 겪는 모든 사건과 조건, 관계들을 사용하셔서 당신을 성장하게 하신다. 이것은 긍정적인 상황들, 즉 하나님이 주시는 성공과 진보를 포함한다. 하나님은 우리가 어떻게 할 수 없는 상황들과 사건들을 사용하셔서 당신 안에서 그분의 일을 이루신다.

구약의 지도자 요셉(창 37-50장)의 인생은 자초하지도 않았고 자신이 어떻게 할 수도 없는 일들의 연속이었다. 그는 문제가 많은 가정에서 자랐고 심지어는 그 형제들에 의해 노예로 팔려갔다. 타국에 살면서 노예의 신분에서 지도자의 자리까지 올라갔지만 억울한 누명을 쓰고 감옥에 갇히는 신세가 되었다. 그런데 감옥에서 몇 년을 보낸 뒤 그는 애굽의 재상이 되었고 심한 가뭄과 기근이 닥쳐왔을 때 많은 민족을 구원하는 일에 쓰임을 받았다.

기근에 시달린 요셉의 형제들이 애굽에 왔을 때 그들은 요셉을 알아보지 못했다. 요셉의 외모가 너무 변한데다 그가 이미 죽었다고 생각했기 때문이었다. 요셉은 책략을 써서 형제들에게 곡식을 주고 고향으로 돌려보내면서 막내 동생을 데려오게 했다. 그리고 자신이 누군지를 드러냈다. 그러자 형제들은 요셉이 자신들을 죽이거나 노예로 팔아 버릴

까봐 두려움에 사로잡혔다.

요셉은 두려워 떠는 형들에게 이렇게 말했다. "당신들은 나를 해하려 하였으나 하나님은 그것을 선으로 바꾸사 오늘과 같이 많은 백성의 생명을 구원하게 하시려 하셨나니"(창 50:20). 자신을 노예로 팔아넘기고 가족과 헤어지게 하고, 결국은 감옥에 갇히는 신세가 되게 한 사람들에게 우리는 이렇게 말할 수 있을까? 하나님께서 우리의 환경을 돌보신다는 깊은 확신이 없이는 불가능하다. 이런 깊은 확신을 "요셉의 원칙"이라고 이름할 수 있을 것이다.

하나님은 우리가 어찌해 볼 수 없는 상황만을 사용하시지 않는다. 하나님께서는 우리가 인격의 성장을 위해서 스스로 만들어낸 상황도 사용하신다. 우리는 자신의 인격적 성장을 위해 여러 가지 방법을 사용할 수 있다. 때로 이런 외적인 수단을 통해서 정말로 인격이 변화될 수 있을까 하는 의심이 들기도 할 것이다.

그러나 답은 확실히 그렇다는 것이다. 가장 확실한 사례로 부모의 역할을 들 수 있다. 하나님은 아이들의 인격 형성을 위해 부모를 사용하신다. 부모는 아이들이 정직, 친절, 감사, 근면 등 여러 가지 바람직한 품성을 형성하는 데 도움이 될 만한 환경을 조성하고 여러 가지 교육적 방법을 사용한다.

예를 들어 우리는 보통 아이들에게 돈을 그냥 주지 않고 일을 해서 벌게 한다. 그것은 우리가 이기적이라서가 아니라 아이들에게 돈을 관리하는 법과 책임감, 돈의 가치 등을 가르치는 데 도움이 되는 환경을 조성하는 것이다. 부모의 역할은 인격의 성장을 위해 끊임없이 도움이 되는 환경을 만들어 주는 것이다.

그런데 아이들에게 도움이 되는 것은 어른들에게도 도움이 된다. 최소한 그 원리는 똑같다. 그러나 어른들에게는 그 행동을 감독하는 부모님이 없기 때문에 자기 스스로 인격 성장에 도움이 되는 환경을 조성해야 한다. 지도자로서 우리는 우리의 환경을 스스로 창조하고 이를 통해 자신의 인격이 성장하도록 해야 한다. 즉 배울 수 있는 기회를 찾고 행동의 기준을 정하고, 그 기준에 맞게 잘 실천하고 있는지를 주변 사람들과 함께 나누는 등 구체적인 방법을 사용하는 것이다. 이 모든 것들은 단순히 외적인 변화를 가지고 자기를 속이는 심리 게임이 아니다. 이런 방법들은 일생을 통해 인격을 성장시켜 나가는 확실한 방법들이다. 이 책에서 우리 스스로 시작할 수 있는 방법들을 소개하고자 한다.

하나님께서는 하나님의 말씀과 당신 스스로 통제할 수 있는 상황과 할 수 없는 상황 모두를 사용하셔서 우리의 인격을 다듬으신다. 하나님의 말씀과 우리의 상황이 합하여 우리의 영적인 성장을 새롭게 이해할 수 있게 해준다. 영적인 성장에 대해 더욱 온전히 이해하기 위해서는 여기에 덧붙여 중요한 영적 기술, 훈련된 분별력이 필요하다.

| 분별력 훈련

요셉이 자신의 환경을 통해서 선하신 하나님을 볼 수 있었던 것은 올바른 관점을 가졌기 때문이었다. 이런 성숙한 관점을 가지고 요셉의 원칙을 삶 속에 실천하기 위해서는 하나님께 올바른 질문을 하고 그 답을 얻기 위해서는 기다리는 시간이 필요하다. 이러한 과정, 곧 올바른 질문과 답을 찾는 과정을 가리켜 분별력 훈련이라고 한다.

그렇다면 올바른 질문은 어떤 질문일까? "아버지, 왜 이런 일이 일어나게 하셨나요?" 하고 묻는 것이다. 올바른 질문의 핵심은 올바른 태도와 올바른 초점에 있다. 올바른 태도로 질문한다는 것은 하나님의 목적에 대한 순종, 하나님의 지혜에 대한 존경 그리고 긍정적인 결과에 대한 기대를 가지고 여쭤보는 것을 말한다. 하나님을 원망하기 위해서가 아니라 현재의 상황이 당신을 예수님의 형상으로 변화시키는 하나님의 목적과 어떤 관계가 있는지를 묻는 것이다.

또한 이 질문의 초점은 "왜?"에 있는 것이 아니라 "이 일"에 있다. "왜 나한테 이런 일이 일어나야 하나요?"라고 묻지 말고 "왜 이 일인가요?"라고 물어야 한다. "왜?"라는 물음 속에는 종종 미묘한 교만이 숨어 있는 경우가 많이 있다. 마음 깊은 곳에서 우리가 이런 일을 당해야 할 이유가 없다고 생각하는 것이다. 우리의 초점은 "이 일"이 우리가 예수님의 형상으로 빚어지는 것에 어떻게 도움이 되는지를 물어보는 것이다.

분별력 훈련의 두 번째 부분은 답을 얻기까지 충분한 시간을 갖는 것이다. 때로는 아주 치열한 과정을 거쳐서 바로 답을 얻기도 하지만 또 한편으로는 좀 더 복잡한 과정을 통해서 몇 년이 지나서야 답을 얻는 경우도 있다. 상황이 오랫동안 변화하지 않는 경우, 완전한 답을 얻을 때까지 수십 년이 걸릴 수도 있다.

예를 들어 내가 처음 목회를 시작했을 때는 많은 어려움이 있었다. 교회는 내게 정말 잘해 주었다. 내가 설교와 목회의 방법들을 익혀나가는 동안 나의 부족함을 참아주었고, 학비를 지원해 주었다. 이렇게 잘해

준 교회여서 해가 갈수록 더욱더 그 교회에 대한 감사의 마음이 커졌지만 그래도 힘들었던 것은 사실이다. 특히 힘들었던 이유는 그 교회의 교인들이 아주 다양한 사람들로 이루어져 있었다는 것이었다.

그 교회에는 거의 온갖 종류의 사람들이 다 모여 있었다. 노동조합에 속한 노동자와 경영자들이 함께 있었고 검사와 전과자들도 함께 있었다. 그리고 교육 수준도 아주 다양했고, 사회적 배경이나 교회 배경도 각양각색이었다. 부유한 교인들과 극빈자들이 나란히 앉아서 예배를 드렸다. 고학력자들과 사실상 문맹에 가까운 사람들이 같이 교회 사역을 하고 있었다. 심지어는 교인 중의 누군가는 우리가 생각할 수 있는 모든 죄를 지은 사람도 있었다. 그리고 그러한 일이 교회 안에서 빈번히 일어났다.

나는 때로 왜 하나님이 이렇게 어려운 교회에서 첫 사역을 시작하게 하셨을까? 라는 질문을 하곤 했다. 몇 년이 지나서야 나는 그 답을 알 수 있었다. 하나님께서는 그 교회를 통해서 나에게 다양한 배경을 가진 사람들과 함께 일하는 법을 가르쳐 주셨던 것이다. 목회 현장을 떠나서 수백 개의 교회와 함께 일해야 하는 교단의 지도자 역할을 맡게 되었을 때 나는 첫 교회에서 배운 것들을 매일같이 사용하게 되었다. 전혀 상상하지 못했던 일이었다. 하나님은 미래의 과제를 위해서 나를 변화시키고 다듬고 계셨던 것이다. 하나님께서 왜 그렇게 어려운 교회에서 첫 사역을 시작하게 하셨는지를 이해하는 데 거의 십 년의 세월이 걸렸다.

좀 더 개인적인 측면에서 보면 이 첫 시기에 나는 아주 극렬한 비판자들을 만나게 되었다. 마치 한 번 물면 절대로 놓지 않는 불독처럼 그들은 나의 단점을 끈질기게 지적했다. 대개는 말로 했지만 글로 쓴 적도 있었다. 그 중 몇 사람들의 비판으로 인해 나는 눈물까지 흘렸고, 정말 이런 사역을 계속할 필요가 있는지 회의를 느꼈다. 그렇게 날카로운 공격을 너무나 자주 받았기 때문에 고통은 이루 말할 수 없었다. 어느 날 아침 나를 비판하는 사람들에 대해서 – 그리고 그들에 대항해서! – 기도를 하던 중 마침내 올바른 태도와 초점을 가지고 "왜"라는 질문을 하게 되었다. 하나님께서는 그 대답으로 내 마음속에 영상이 스쳐 지나가듯 내가 다른 사람들을 말로 공격했던 장면들을 보여주셨다.

그 영상은 전혀 재미있게 즐길 수 있는 것이 아니었다! 내가 다른 사람들을 신랄하게 비판했던 순간들이 연이어 펼쳐졌다. 특히 그 중 한 사건은 위선적인 내 모습을 보여주는 것이었기 때문에 더욱 고통스러웠다. 나의 날카로운 혀와 가시 돋친 농담, 이해심 없는 대꾸가 얼마나 많은 사람들에게 상처를 주었는지 깨닫게 되었다. 내가 비판했던 사람의 관점에서 그 영상을 보는 것은 정말로 힘들었다. 나는 하나님께서 왜 다른 사람들로 하여금 나를 공격하도록 허용하셨는지 이해할 수 있었다. 하나님께서는 내 인격의 결함을 조명하시기로 결심하시고 내가 변화하도록 고통을 허용하신 것이다. 이 경험을 통해서 나는 사람들에게 훨씬 더 참을성을 가지고 대하게 되었다.

이런 영적인 투쟁을 통해 나는 사람들과 관계를 맺을 때 내가 말하는 방식을 바꿔야겠다고 굳게 결심했다. 놀랍게도 몇 년 뒤 연말 평가시간이 되었을때 나는 동료들로부터 "너무 신사적"이라는 평가를 듣게 되었다. 내가 정말 그 정도로 변했나? 나는 내 귀를 의심할 수밖에 없었다!

하나님께서는 당신을 예수님의 형상으로 바꾸는 일에 헌신하고 계신다. 하나님은 말씀을 통해서 기준을 정하시고 상황을 통해서 열을 가하신다. 하나님께서 당신을 지도자로 키우기 위해 어떤 일을 하시는지 이해하려면 분별력을 키우고 올바른 질문을 하고 하나님의 목적이 드러날 때까지 기다리는 일은 꼭 필요하다.

인격 형성의 어두운 면

교회 지도자들의 자질을 거론할 때 다른 분야의 지도자들과 다른 점은 인격을 가장 중요시 한다는 점이다. 성경에서는 지도자의 자질을 말할 때 능력이나 교육, 경험, 기술보다 인격을 강조한다. 거꾸로 말해서 교회 지도자들에게 있어서 인격상의 결함은 다른 분야의 지도자들에게 있어서 보다 더 치명적인 영향을 미친다는 말이다. 흔히 사역자들의 인격적인 결함은 그가 그 죄를 범하기 전에 이룩한 모든 것들을 무효화시키고 교회에 파괴적인 영향을 미치며, 설사 회복이 된다고 해도 아주 오랜 시간이 필요하다.

다른 분야의 지도자들—예를 들면 사업가나 군인이나 정치 지도자들—의 인격적 결함은 사역자들의 인격적 결함처럼 치명적이지는 않다. 여론은 흔히 그들을 관대하게 용서해준다.

내가 교회 지도자로서의 고귀한 사명을 받아들이겠다고 결심하는 것은 이러한 책임을 받아들이겠다고 하는 것이다.

이것은 피할 수 없는 현실이다. 당신만 예외가 될 수는 없다. 만약 우리의 인격적인 단점을 묵과하다가 도덕적인 죄를 짓는 결과를 낳는다면, 교인의 신뢰를 배신하는 파괴적인 결과를 초래하게 된다. 문제는 우리는 누구나 이러한 성격상의 단점을 가지고 있다는 점이다.

지금 마음속으로 자신이 인도하고 있는 사람들의 얼굴을 떠올려 보라. 그들은 당신을 의지하고 있다. 그들이 당신을 의지하는 것은 단지 당신이 그들을 위해서 어떤 일들을 하기 때문이 아니라 그리스도인으로서의 인격을 믿기 때문이다. 그들이 이것을 분명히 말로 표현하는 일은 별로 없을 수도 있다. 그러나 그들에게 있어서 가장 중요한 것은 신뢰다. 당신은 교인들의 비밀을 지켜주는가? 그들이 당신에게 자신의 영적인 문제를 믿고 털어놓는가? 당신은 그들에게 진실을 말할 수 있을 만큼 신뢰를 받고 있는가?

그리스도인 지도자의 인격적 실패는 교인들의 신뢰를 깨뜨린다. 이것이야말로 가장 파괴적인 결과다. 성도들은 더 이상 영적인 인도를 받지 않으려 하게 되고 결국은 하나님께서 그 후의 지도자들을 통해서 하실 영적인 지도를 받을 기회도 놓치게 하는 것이다.

모든 지도자들은 이런 비극적인 결과를 피할 수 있도록 단호한 결단을 해야 한다! 그러나 그보다 더 중요한 것은 하나님께서 우리 안에 그리스도의 인격을 형성하시는 일에 우리 지도자들이 협력하는 것이다. 이것이 우리의 열정이 되어야 한다!

아홉 가지 인격적 자질

이 책에서 제시하는 아홉 가지 인격적 자질의 목록은 절대적인 것이 아니라 주관적인 것이다. 그렇다면 그 기준은 무엇인가 하는 질문이 제기된다.

첫째로 이 목록은 나의 개인적인 경험에서 나온 것이다. 하나님께서 나를 형성하시는 과정을 돌이켜 보며 기록한 것이다. 이 자질의 일부는 내게 핵심적인 것들이고 일부는 아직도 엄청난 투쟁과 성장이 진행되고 있는 것들이다.

둘째로 이 목록은 다른 지도자들에 대한 관찰을 통해서 작성되었다. 나는 삼십 년 동안 교회 지도자들을 관찰해 왔고 십 년 이상 지도자 훈련을 시켜왔다. 이 과정에서 성공적인 지도자들과 어려움을 겪는 지도자들, 혹은 실패한 지도자들의 공통점들을 볼 수 있었고, 장기적으로는 성공적인 지도자가 되는 데 필요한 자질이 무엇인지 알게 되었다.

셋째로 인격 형성에 대해 가르치고 그 반응을 듣는 과정에서 필요한 자질들이 점차로 명백해졌다. 하나님께서는 교회의 성도들, 동료들, 학생들과 친구들을 통해서 인격 형성의 과정에 관한 내 생각을 돌이켜 보고 더욱더 실제적으로 생각할 수 있도록 인도하셨다.

| 투명성

이 책에는 나 자신의 이야기가 많이 들어 있다. 하나님께서는 나를 예수 그리스도의 형상으로 재창조하시기 위해서 지난 삼십 년간 일하셨다. 그리고 아직도 하실 일이 너무 많다! 이 책에 기록한 원칙과 경험들은 실패를 통해서 얻어진 것들이다. 이런 경험을 나누는 데 있어서 나의 목표는 나의 경험을 절대적으로 확실한 모델로 제시하는 것이 아니라 있는 그대로 이야기하는 것이다. 이 책에 나온 개인적인 사례들은 대부분 나 자신의 실패에서 나온 것이다. 기독교 지도자로서의 나의 성장의 대부분은 하나님께서 이런 부정적인 경험을, 성장을 위한 좋은 기회로 바꾸어주신 덕분에 이루어진 것이다.

기독교 지도자들 가운데서 투명성이 결여되는 경우를 흔히 보게 된다. 자신의 경험을 나눌 때 지도자들은 자화자찬과 자기 해소의 양극단 사이를 오가기 쉽다. 적합한 투명성은 도움이 될 만큼 이야기하지만 자화자찬은 피하는 것이다. 투명성은 개인적인 비밀을 드러내어 해를 끼칠 위험으로부터 사람들을 보호하면서도 실제 생활에 어떻게 적용할 수 있는지를 보여주기 위해서 실제 살아 있는 예를 사용하는 것이다. 투명성은 다른 사람들의 삶의 창문을 통해 보며 배울 수 있게 해준다. 이런 전제 아래 나는 이 책에서 독자들이 나를 더 잘 볼 수 있게 초대했다. 이 모든 것의 균형을 잡기는 어려운 일이지만 목표에 근접했으면 하는 바람이다.

대부분의 책들은 성공담을 말하는 경우가 많지만 이 책은 아직도 진행 중인 이야기이다. 왜냐하면 하나님께서는 우리의 나이나 상황에 관계없이 계속적으로 우리를 예수님의 형상으로 만들어 가시는 중이기 때문이다. 이 과정을 마쳤다고 말할 수 있는 사람은 아무도 없다. 내 이야기를 읽는 중에 감동이 되는 부분이 있어 나도 예수님처럼 되어야겠다고 새롭게 다짐하는 사람들도 있을 것이다. 그리고 또 언젠가는 우리가 서로 만나서 하나님의 지도자 연수실에서 하나님이 행하시는 연수 과정을 통해 배운 것들에 대해 서로 이야기를 나누게 될지도 모른다. 이 책은 마침표가 아니라 쉼표로 끝난다. 앞으로의 삶에서 하나님이 계속해서 내 안에 예수님을 형상화하시는 것을 새롭게 경험하고 새롭게 알아갈 것이기 때문이다.

예수님을 닮아간다는 이 단순한 목표가 모든 지도자들의 궁극적인 목표가 되어야 한다. 사람들이 지도자들을 기억하는 것은 그들이 한 일 때문이 아니라 그들이 어떤 사람들인가하는 것으로 인해서이다. 우리의 재능을 칭찬받기 위해서가 아니라 기억될 만한 인생을 건축하는 일에 초점을 맞추어야 한다.

우리는 어떻게 기억이 될 것인가? 무엇 때문에 기억될 것인가? 큰 업적을 이룬 많은 지도자들이 있지만 그들이 기억되는 이유는 그들의 인격 때문이다. 지도자들의 장례식에서 들은 말이나 우리가 한 말을 떠올려 보기 바란다. 조사의 내용은 주로 그 사람의 인격에 관한 것이다. 나는 예산을 늘리고, 보다 많은 사람들을 고용하고 큰 건물을 짓고 책을 썼다는 이유로 찬사를 받는 사람을 보지 못했다.

그러므로 나는 여러분께 나와 함께 긍정적인 유산을 남기는 지도자, 장기적으로 영향을 미치는 지도자가 되기 위한 여행을 떠나기를 권한다. 우리의 모델이신 예수님을 더욱 닮으라는 도전을 받아들이기를 바란다. 단순히 지도자들이 하는 일들을 하는 것이 아니라 지도자가 되는 과정에 들어서기를 바란다. 이것이 바로 하나님의 사람이 된다는 의미다. 이것이 바로 참된 지도자의 본질이다.

2장

하나님의 말씀에 정직하게 반응하기

정직은 거의 모든 분야의 지도자들에게 늘 새롭게 요구되는 자질이다. 교계뿐 아니라 법률, 의약, 사업, 교육, 정치, 체육 등 모든 분야의 지도자들의 정직에 대한 요구가 새롭게 제기되고 있다. 모든 사람들이 지도자들의 정직성을 중요하게 생각하고, 지도자들이 정직하기를 원한다. 그러나 정직을 중요하게 생각하고, 정직이 무엇인지를 알고, 어떻게 그런 자질을 개발하며 삶 속에서 그런 원칙을 지킬 수 있는지를 아는 지도자들은 점점 더 줄어드는 것 같다.

일부 지도자들은 정직에 대해 지나치게 단순한 견해를 가지고 있다. 불륜이나 도둑질만 하지 않으면 정직한 것이라고 생각한다. 불행히도 문제는 그렇게 단순하지가 않다는 것이다. 정직은 지도자의 삶에서 한 두 영역에 걸쳐있는 문제가 아니라 모든 영역과 관련된 문제이다.

정직의 정의

> 정직한 사람은 겉과 속이 다르거나, 이중적인 기준과 이중적인 말을 하지 않는다. 그는 도덕적 기준과 말과 행동이 온전하고 완전히 하나가 되고 나뉘지 않은 사람이다.

정직(integrity)이라는 말은 인테그리타스(integritas)라는 라틴어에서 온 말이다. 이 말은 또한 "온전한, 완전한, 나뉘지 않은"이라는 뜻의 인테거(integer)에서 파생된 단어다. 인테거가 말하는 수는 분수가 아니라 정수를 말한다. 이 수학적인 개념을 통해서 우리는 정직에 대한 올바른 개념을 이끌어낼 수 있다. 정직한 사람은 온전하고 완전하며 나뉘지 않은 사람이다. 그는 분열되거나 분할되지 않은 사람이다. 겉과 속이 다르거나, 이중적인 기준과 이중적인 말을 하지 않는다. 그는 도덕적 기준과 말과 행동이 온전하고 완전히 하나가 되고 나뉘지 않은 사람이다.

이것의 초점은 단순히 어떤 특정한 상황에서 올바른 행동을 하는 것이 아니라 삶의 모든 영역에서 언제나 일관성 있게 행동하는 것으로 바뀌는 것을 말한다. 즉, 우리가 언제 어디서 어떤 사람하고 어떤 상황에 있든지 일관되게 행동할 때 비로소 정직하다고 말할 수 있다. 이것은 어려운 일이다.

정직의 사전적 정의도 같은 내용이다. 예를 들어 웹스터 사전을 보면 정직을 "온전하고 분열되지 않은 자질 혹은 상태"라고 정의하고 있다. 분수가 아닌 정수라는 뜻의 integer라는 말에서 파생되었다는 것을 상기하면 도움이 될 것이다. 정직한 사람은 온전한, 또는 완전한 사람이다. 정직은 단일함으로 이해하는 것이 가장 정확하다고 할 수 있다. 정직한 사람은 기준과 말과 행동이 분열되지 않고 이중적이지 않고 통일되어 있다. 그러므로 정직한 사람은 마음과 말과 행동이 분열되지 않고, 자기가 한 말을 지키며, 실제로 사는 대로 말하는 사람인 것이다.

정직의 정의를 또 다른 부분에서 설명해 보면 "도덕적 혹은 기술적 가치를 확고히 지키는 것" 즉 특정한 기준을 지키는 것이다. 기독교 지도자들에게 있어서 정직은 도덕적, 윤리적인 행위에 대한 하나님의 기준에 근접하는 것을 뜻한다. 간단히 말해서 하나님의 말씀과 일치된 행동을 하는 것이다.

성경에서 말하는 정직의 어근은 "완전한, 온전한, 하나된"이라는 뜻을 가지고 있다. 이는 첫 번째 정의와 일치한다. 정직과 관련된 신약의 단어들은 정의, 거룩함, 순수함 등 윤리적인 차원을 내포하고 있다. 이러한 의미들은 두 가지 뜻으로 귀결되는데 하나는 온전함이고 하나는 거룩함이다.

이 모든 개념들을 통합한 정직의 정의는 "인격과 행동 면에서 성경의 원칙들을 일관되게 적용하는 것"이라고 할 수 있다. 우리가 성경의 기준에 입각해서 믿음과 행동을 통일하여 일관성을 유지할 때 정직하다고 말할 수 있다. 이것이 바로 그리스도인의 정직의 핵심이다. 우리의 태도와 말과 행동을 성경의 진리와 일치시키는 것이다. 삶의 모든 영역에서, 가정과 직장과 학교 어디에서든지 이렇게 분리되지 않고 일관되게 살 때 우리는 정직한 지도자가 된다.

정직함을 개발하는 영적인 기초

> 우리의 목표는 일생을 통해 여러 가지 다른 상황과 어려움을 겪는 가운데 개인 생활과 사역에서 모두 정직함을 지키는 것이다.

기독교 지도자들에게는 정직함을 개발할 수 있는 특별한 기회와 특별한 책임이 있다. 우리에게는 이 과정에서 우리를 인도하고 힘을 주는 영적인 자원이 있다. 정직하고자 하는 마음만으로는 충분하지 않다. 어떤 순간에 정직한 것만으로도 충분하지 않다. 우리의 목표는 일생을 통해 여러 가지 다른 상황과 어려움을 겪는 가운데 개인 생활과 사역에서 모두 정직함을 지키는 것이다.

정직함을 지키기 위해서 우리는 근본적으로 끊임없이 영적인 싸움을 치루어야 한다. 지난 수십 년간 정직함을 개발하고 지키도록 나를 독려한 세 가지 영적 확신이 있었다. 삼발이 의자처럼 이 세 가지 말씀은 나에게 있어 정직함의 영적인 기초가 되었다.

︎1. 나는 주님이신 예수님께 복종한다 (빌 2:5-11)

예수님은 주님이시다. 이 사실에 대해서는 어떠한 타협도 있을 수 없다. 내게는 주님께 순종하는 것을 택하는 것, 그분이 주인이신 것을 인정하는 것 외에는 다른 선택의 여지가 없다. 우리는 예수님을 "주님으로 삼는다"는 식의 어법을 경계해야 한다. 예수님은 우리가 주님을 그렇게 삼든 말든, 엄연히 우리의 주인이시며 선생이시며 감독자시다. 그분은 우리가 회계해야 하는 오직 한 분이시다. 내가 할 수 있는 선택은 오직 그분께 순종하느냐 아니면 반역하느냐 이 두 가지밖에 없다. 이것은 정직에 있어서 근본적인 의미를 지닌다. 나 자신이 나의 법이 아니다. 내가 기준을 정하는 것이 아니다. 나의 믿음과 태도와 행동의 최종 권위는 내가 아니라 예수님이시다.

예수님의 주권에 대해서 공부한 다음 자신에게 개인적으로 적용해 본 적이 있는가? 예수님이 주님이시라는 이론을 정립하고 남들에게 설교하기는 쉽지만, 그것을 자신에게 적용하는 것은 어렵다. 예수님의 주권에 대해 설명하는 책이 많이 있지만, 여기서는 성경이 말씀하는 다섯 가지 근거를 제시하고자 한다.

1. **예수님의 주인 되심은 하나님의 권세에 의해서이다.**
   a. 예수께서는 모든 권세가 자신에게 주어졌다고 말씀하셨다(마 28:18).
   b. 예수께서는 하나님으로부터 권세를 받으셨다(행 2:36).
   c. 예수께서는 십자가에서 이루신 일로 인하여 모든 권세를 받으셨다(빌 2:5-9).
2. **예수님은 부활의 주인이 되셨다.**
   a. 예수님이 부활하신 후 하나님께서 그를 주로 높이셨다(엡 1:20).
   b. 예수님의 부활은 궁극적인 적, 죽음에 대한 그분의 능력을 증명했다(계 1:18).
3. **우리 삶의 모든 영역에서 예수님의 주권은 기적에 의해 증명되었다.**

a. 예수님은 자연에 대한 권능이 있으시다(마 8:26-27).

　　b. 예수님은 질병에 대한 권능이 있으시다(마 9:1-8).

　　c. 예수님은 마귀에 대한 권능이 있으시다(막 9:25-27).

　　d. 예수님은 죽음에 대한 권능이 있으시다(요 11:44).

4. 예수님의 주권은 영원하다.

　　a. 예수님은 언제나 주님이셨다(골 1:16-17).

　　b. 예수님은 지금 현재도 주님이시다(엡 1:20-21).

　　c. 예수님은 앞으로도 언제나 주님이실 것이다(엡 1:21).

5. 예수님의 주권은 모든 사물과 모든 사람을 다 포함한다.

　　a. 예수님은 모든 사물에 대한 최종 권한을 가지고 계신다(골 1:18).

　　b. 예수님은 모든 사람에 대한 최종 권한을 가지고 계신다(빌 2:10-11).

우리가 예수님의 주권에 관한 올바른 신학적 입장을 지니는 것만으로는 충분하지 않다. 그것을 자신의 삶에 적용해야 한다. 내게 있어 예수님의 주권을 삶에 적용하는 최선의 방법은 주님의 주권을 상기시키는 네 가지 기도를 규칙적으로 하는 것이다. 이 기도들은 내가 위기 상황을 만났을 때, 혹은 영적으로 심각한 전쟁 가운데 있을때 드린 기도들이다. 각각의 기도를 하게 된 상황 때문에 그 기도들은 내게 중요한 의미를 지닌다. 이 기도들은 나의 묵상과 영적인 성장의 영원한 기초가 되었다.

그렇다고 해서 오해하지는 말기 바란다. 이 기도를 생각 없이 습관적으로 하거나 주문처럼 외우는 것은 아니다. 매일 그 기도를 하는 것도 아니다. 그러나 그 기도들은 내가 자주 드리는 기도이며 나의 중심 기도들이다. 이 기도들은 '예수님이 나의 주인이시라'는 구원의 확신으로 다시 돌아가게 한다.

첫 번째 기도는 "주님, 저는 모든 것을 드릴 수 있습니다. 내일 하루든, 앞으로 십 년이든 주님께서 기뻐하시는 대로"라는 것이다. 이 기도는 1999년 12월 31일 자정, 2000년을 맞이하면서 처음으로 한 기도였다.

우리 가족은 "청소년 링크 2000"이라는 기독교 모임에 참석했었다. 이 모임은 새천년을 축하하기 위해서 미국 전역의 모임과 연결되어 있었다. 자정이 다가옴에 따라 하나님의 인도에 어떻게 응답할 것인지를 적고는 기도하는 순서가 있었다. 미래의 불확실성에 대한 고려와 나의 삶에 중대한 영향을 미칠 것들에 대한 질문들과 하나님께서 나를 위해 큰 변화를 예비하고 계신다는 느낌 가운데 나는 이렇게 기도했다. "저는 모든 것을 드릴 수 있습니다. 저는 하나님을 이용하기 위해서가 아니라 하나님께 쓰임을 받기 위해서 존재합니다. 하나님께서 허용하시는 것을 넘어서는 것은 삶의 한 순간에도 허락하지 않겠습니다. 앞으로 하루가 되든, 십 년이 되든 하나님께서 기뻐하시는 시간이 바로 나의 삶이 될 것입니다." 이런 기도를 통해서 나는 누가 주인인지를 상기하게 되었다. 이 기도를 반복함으로써 나는 예수님을 주님으로 인정하게 된다.

또 하나의 중요한 기도는 "주님, 저는 주님께서 기뻐하시는 대로 섬기겠습니다. 저를 사용하시든지 안 하시든지 주님께서 기쁘신 대로 행하시옵소서" 하는 것이었다. 이 기도는 군대의 지도자들을 관찰하면서 떠오른 것이다. 명령에 복종하는 군인들의 삶이 나에게 깊은 인상을 주었다. 그들은 자신의 잘남이 아니라 지휘관들의 명령에 따라 임무를 완수하기 위해 섬긴다.

　이런 복종에 관해 묵상을 하던 어느 날 아침, 나는 내가 하는 기도가 때로 얼마나 교만한지를 깨닫게 되었다. 나는 보통 "주님, 오늘 저를 사용해 주십시오" 하고 기도하곤 했다. 마치 하나님께서 나를 쓰실 의무라도 있다는 듯이. 나는 자원한 종이므로 하나님이 나를 쓰셔야 한다는 식이었다. 하나님께서는 그 기도가 얼마나 교만한 것인지 알려주셨다. 그래서 나는 "주님, 저를 쓰시든 쓰시지 않든 주님께서 원하시는 대로 하시옵소서"라는 진정한 순종의 기도를 드렸다.

　중요한 것은 무엇이든 하나님께서 기뻐하시는 뜻이 이루어지는 것이고 그분의 일이 진전되는 것이지 우리가 쓰임을 받는지의 여부가 아니라는 것이다. 때로 하나님께서는 다른 목적을 위해서 어떤 사람들을 한동안 사용하지 않고 놔두시는 경우도 있다. 심지어는 기독교 선교역사를 통틀어 가장 뛰어난 선교사였던 사도 바울까지도 그런 경험을 했다. 선교사업으로 한창 바쁠 때 로마법에 의해 체포된 것이다. 사도행전 24장 27절에 따르면 바울의 선교사업이 그 효과에 있어서나 영향에 있어서 최고조에 달했을 때 벨릭스는 유대인의 마음을 얻으려고 바울을 2년 동안이나 옥에 가두었다.

　어떻게 이런 일이 일어날 수 있을까? 역사상 가장 위대한 선교사이자 신학자인 바울을 로마제국의 하급 관리가 뇌물을 바라면서 가두어 두는 바람에 2년 동안이나 갇혀서 지냈다. 왜 빌립보에서 일어난 것 같은(행 16:16-40) 지진이 일어나지 않았을까? 유일한 답은 하나님께서 바울이 감옥에서 기다리기를 원하셨다는 것이다. 이것이 바울을 향한 하나님의 뜻이었다. 하나님이 그에게 주신 과제는 하나님께서 로마에 가도록 허용하실 때까지 감옥에서 기다리는 것이었다. 하나님께서 자신의 목적을 이루시는 방법은 우리 생각에 합당하고 논리적이고 가장 합리적인 것 같은 방법과는 전혀 다르다.

나 스스로에게 예수님의 주권을 상기시키는 세 번째 기도는 "주님, 중요한 것은 주님의 나라이지 저의 나라가 아닙니다. 그것이 제게 어떤 의미를 갖든지 주님의 목적을 이루시옵소서"라는 기도이다. 이 기도는 우리 가족의 필요를 위해 기도할 때, 자녀들이 대학 진학을 앞두고 있을 때, 은퇴를 대비해서 저축을 하는 문제, 집을 사는 문제 그리고 나의 영역을 구축하는 문제 등을 놓고 기도할 때 떠오른 것이었다.

어느 날 내가 얼마나 많은 시간을 내 자신의 나라를 위해서 쓰고 있나 하는 생각이 들면서 하나님이 정말 가깝게 느껴졌다. 하나님께서는 나의 사역이 얼마나 자기 중심적인지도 보여주셨다. 나는 너무나 많은 노력을 잘못된 나라에 쏟고 있었다!

이 문제에서 균형을 잡기는 쉽지 않다. 우리에게는 가족과 사역과 직장에서 하나님께서 주신 의무가 있다. 그러나 우리의 초점은 하나님의 나라를 세우는 것이어야지 자신의 나라를 세우는 것이어서는 안 된다. 예수님께서는 누가복음 12장에서 이에 대해 경고하셨다. 젊고 부유한 어리석은 자는 "더 큰 창고를 짓는 데"만 골몰했다. 하나님께서는 우리가 더 큰 창고를 짓는 데 초점을 두지 않고 그 창고에 있는 것을 하나님의 목적을 위해 쓰는 데 초점을 두기를 원하신다.

마지막으로 정직의 영적인 기초가 된 네 번째 기도는 이런 기도다.

"주님, 주님은 하나님이십니다. 저는 아닙니다. 오늘 이것을 확실히 알게 하시옵소서." 나는 야구 심판 보는 것을 좋아한다. 그리고 그 이유에 대해 즐겨 농담을 한다. "일주일 내내 나는 하나님을 섬겼으니 토요일 하루는 내가 하나님 노릇을 한다"고. 이것은 야구 심판에 대한 농담으로는 재미있지만 실제 삶에 대해서는 전혀 재미있지가 않다.

나는 하나님이 아니다. 당신도 마찬가지다. 그러나 우리는 종종 마치 우리가 하나님인양 행동을 한다. 우리는 때로 우리가 어떻게 할 수 없는 일들에 대해서 걱정한다. 우리는 우리가 통제할 수 없는 결과에 대해서 책임을 지려고 한다. 우리는 사람을 변화시키려고 한다. 한 마디로 하나님 노릇을 하는 것이다.

이 기도는 내게 하나님과 예수님과 성령님만이 하나님이시고 나는 하나님이 아니라는 사실을 상기하게 한다. 나는 절대로 하나님이 될 수 없으므로 하나님처럼 행동하는 것을 그만두어야 한다.

이 기도는 내게 중심을 찾게 해주는 기도들이며 "예수께서 나의 주님이시다"라고 본질적인 고백을 하게 한다. 본질적인 영적 현실을 기억하는 것이야말로 정직을 지키는 데 가장 핵심적인 것이다. 그런 짧은 기도문들을 적어서 예수님이 주님이시라는 사실을 스스로에게 상기시키고 자주 그런 기도를 드림으로써 이 본질적인 영적인 현주소로 늘 돌이킬 수 있도록 하는 것이 중요하다.

12. 나는 주님이신 예수님께 회계해야 하는 종이다(눅 16:1-15; 고전 4:1-2)

청지기라는 말은 돈을 관리하는 개념과 유사한 개념이다. 그러나 사실 청지기라는 개념은 돈을 관리한다는 개념보다 훨씬 넓은 뜻을 내포한다. 청지기의 원리, 혹은 청지기의 개념은 우리 생활의 많은 영역에 영향을 미친다. 예를 들어 마태복음 28장 18절에서 예수께서는 "모든 권세"가 자신에게 주어졌음을 분명히 하셨다. 예수께서는 온 우주의 권세를 가지고 계신다. 우리에게 있는 권세는 모두 예수께로부터 온 것이다. 그 권세는 지금도 예수님의 것이므로 우리는 청지기나 관리자일 뿐 소유자가 아니다.

성경은 예수님께서 그분의 권세를 조직과 사람들에게 맡기셨다는 것을 보여준다. 예를 들어 부모는 가정에서 권세를 가지고 있다. 통치자들은 나라의 권세를 가지고 있다. 교회의 지도자들은 교회의 권세를 가지고 있다. 사도 바울은 교회 지도자들에 대해서 이렇게 썼다. "사람이 마땅히 우리를 그리스도의 일꾼이요 하나님의 비밀을 맡은 자로 여길지어다"(고전 4:1). 청지기란 다른 사람에게 속한 것을 관리하는 사람을 말한다.

리더십의 맥락에서 볼 때 이 점은 매우 분명하다. 예수님께서는 모든 권세를 갖고 계신다. 그리고 그분은 자신의 나라에서의 역할에 따라 권세를 우리에게 나누어 주신다. 그렇다면 예수님께서는 지도자로서의 그분의 권세와 책임의 일부를 우리에게 맡기신 것이다. 우리가 지도자의 역할을 맡은 것은 예수님께서 그의 나라의 작은 일부분을 우리에게 맡기셨기 때문이다. 예수님은 우리가 예수님께로부터 받은 책임을 조심스럽게 다루기를 원하신다.

우리가 청지기로서의 지도자 역할에 대해 올바른 시각을 갖도록 도와주는 세 가지 놀라운 현실이 있다. 처음에는 이것이 놀랍거나 실망스럽게 생각될 수 있다! 그러나 이것은 진실이며 진실은 결코 실망시키지 않는다. 현실은 때로 우리 생각을 바꿀 수밖에 없게 만들지만, 우울하게 하지는 않는다.

우리의 현재 위치에 관한 세 가지 현실은 다음과 같다.
- 우리는 그저 현재라는 일시적인 시간 동안 지도자의 역할을 맡고 있는 것일 뿐이다.
- 우리는 언제나 임시 고용원에 불과하다.
- 우리는 일이 진행되는 동안 책임을 맡은 사람이다.

이미 말했듯이 이 말들이 당신을 경시하는 것처럼 들릴 수 있지만 사실은 그렇지 않다. 그러나 직함과 연봉과 특권을 통해 지도자들을 치켜세우는 문화에 대항하여 균형 잡힌 시각을 가질 수 있게 해준다.

지금 이 글을 쓰고 있는 순간에도 나는 신학교의 총장이다. 나는 가능하면 오랫동안 이 일을 하기 원하지만 이 신학교의 마지막 총장이 될 리는 없다 - 예수님이 곧 재림하시지 않는 이상. 나의 역할은 예수님께서 내게 주신 지도자의 역할을 수행하는 것이다. 내 앞에 훌륭한 분이 이미 이 일을 맡았고 내 뒤에 누군가 훌륭한 사람이 또 이 일을 맡을 것이다. 나는 잠시 이 지위와 이 지위에 따른 권위를 맡은 것뿐이고 이 일은 실제로 예수님께 속한 일이다! 예수님은 단지 잠시 동안만 이 지도자의 역할을 나에게 나눠주셨을 뿐인 것이다.

당신 역시 마찬가지다. 당신은 현직 목사, 현직 지도자, 현직 위원, 혹은 현직 간부일 뿐이다. 그 일은 우리의 일이 아니라 예수님의 일이다. 예수님은 잠시 동안 그 일을 당신과 함께 하고 계실 뿐이고, 예수님은 우리가 그 일을 열심히 하기를 원하신다.

우리는 임시 직원이다. 오늘날 대부분의 조직이 소위 "임시직"을 고용한다. 하지만 사실상 우리는 모두 임시 직원이다. 우리는 영원 동안이 아니라 오직 잠깐 동안만 우리가 하는 일을 맡았을 뿐이다. 우리는 또한 과도기의 일꾼들이다. 많은 교회들이 담임 목사가 바뀔 때 "임시" 목사를 초빙한다. 하지만 사실상 우리는 모두 임시 목사들이다.

만약 이런 사실을 받아들이기 힘들다면, 우리가 갑자기 사망할 경우 어떻게 될지 상상해 보면 도움이 될 것이다. 아마도 엄숙한 장례식이 치러질 것이고 슬퍼하고 애통해 하는 사람들이 있을 것이다. 누군가가 우리의 이름을 새긴 액자를 만들거나 혹은 무언가를 우리의 이름을 따라서 명명할지도 모른다. 그러나 그런 뒤에는 누군가가 당신을 대신할 것이고 이 세상과 삶은 계속될 것이다! 정말 그렇다. 우리는 스스로가 생각하는 것처럼 그렇게 없어선 안될 존재가 아니다.

우리는 지도자로서의 역할을 사용해서 가능한 가장 효과적으로 공헌해야 한다. 이것은 직책을 평가절하하려는 것이 아니다. 이것이 현실이다. 이 사실을 늘 기억하는 것이 정직을 유지하는 데 도움이 된다. 그러면 이 일이 당신 것이 아니고, 우리가 그 월급을 받을 자격이 있어서 받는 것이 아니며, 지위에 따른 특권도 계속되지 않을 것이고, 이 모든 것이 당신에 관한 것이 아님을 기억하게 될 것이다. 우리는 청지기일 뿐이므로 주님께서 맡기신 일을 조심스럽게 돌보아야 한다.

13. 나는 주님이신 예수님께서 인정하신 권위 구조 안에 있다(롬 13:1-7; 마 28:18)

정직을 유지하기 위해서는 권위 구조를 이해해야 하며 우리가 누구에게 책임을 져야 하고 누가 우리에게 책임을 져야 하는지, 그리고 이러한 관계가 우리의 삶에 이루는 필수적인 경계선을 알아야 한다. 예수님은 모든 권세를 갖고 계시며 그 권세를 합당한 구조를 통해서 함께 나누신다. 예수님은 온갖 종류의 사람들에게 권세를 주시는 데, 내 경우에는 나를 감독하는 이사들이다. 그러나 또한 나에게는 내 상사들(이사들)을 주신 최고의 상사 예수님이 계신다. 우리가 다소 다른 구조 속에 있다해도 어쨌든 상사는 있기 마련이다.

예수님은 권위의 구조를 통해서 일하신다. 예수님은 지도자들이 그들이 처하게 하신 그 권위 구조 아래서 일하기를 원하신다. 때로는 어렵고 힘들 때도 있지만 한계를 정함으로써 정직함을 유지하도록 하시기 위해서이다. 많은 교회들과 단체들이 이런 면에서 모호한 태도를 취하고 있다. 권위 체계가 분명하지 않은 경우가 많다. 이렇게 모호한 조직 체계에서 일하는 지도자들은 권위 체계를 분명히 재조직해야 한다. 통제를 위해서가 아니라 지도자들을 비현실적인 기대와 비합리적인 요구로부터 자유롭게 하기 위해서이다. 지도자로서 우리는 누구에게 책임을 져야 하며 무엇에 대해 책임을 져야 하는지를 알 권리가 있다.

예수님께서 다른 사람들을 통해서 우리를 지적하시고 인도하시고 지도하도록 믿고 맡길 때 우리는 정직의 차원에서 성장할 것이다. 우리 삶을 관리하고 옆길로 벗어나지 않기 위해서 우리는 다른 사람들의 관리를 필요로 한다. 이것을 받아들이는 것이 일부 지도자들에게는 큰 도전이 된다. 우리는 우리의 조직에 있는 지도자들이 지도자로서의 자격이 부족하고 당신만큼 지도자의 자질에 대해서 모르며 어떻게 당신을 감독해야 하는지 모른다고 생각할 수도 있다. 그리고 그것이 사실일 수도 있다. 그러나 설사 그렇다하더라도 우리는 예수님께서 허락하신 권위 구조 속에서 일을 할 책임이 있다. 우리가 사임을 하거나 재협상을 할 수는 있지만 권위 구조에 대해 반역을 한다면 장기적으로 성공할 수 없다.

그렇다면 이것이 실제적으로 사역을 하는 조직에서는 어떻게 나타날까? 어떻게 하면 우리의 감독자와 우리가 감독하는 사람들의 관계를 정직함을 성장시키는 방향으로 구조화할 수 있을까? 여기 몇 가지 방법을 제시한다.

사역의 조직 내에서 정직함을 유지하도록 관계를 만들면 긍정적인 효과가 있다. 교인들이나 동역자들은 지도자의 행동이나 동기를 문제 삼기를 꺼려하기 때문에 지도자들 자신이 특히 이러한 관계를 적극적으로 장려해야 한다. 우리가 조직 안에서 책임을 지는 구조를 만들 수 있는 몇 가지 간단한 방법들이 있다.

첫 번째는 일 년에 한 번씩 감독자들에게 평가를 받도록 하는 것이다. 정기적인 점검을 통해서 평상시에 아직 문제가 커지지 않았을 때 점검하는 편이 큰 문제가 발생한 뒤에 위기상황에서 감독을 받는 것보다 훨씬 낫다. 그러나 그런 제도가 없는 교회들이 상당히 많다. 그러나 기대의 경계와 한계를 정하고 사람들을 공정하게 대하는 것보다 더 그리스도인다운 것은 없다!

목사들은 교회 안에 분명한 책임 구조를 갖추어야 한다. 때로는 목사 자신이 이러한 그룹을 만들고 훈련하고, 그들의 인도에 복종해야 하는 어색한 위치에 놓일 수 있다. 설사 어색하더라도 반드시 그렇게 해야만 한다. 모든 목사에게 이런 지원과 감독 그룹이 꼭 필요하다. 이런 그룹의 활동이 원활해지면 목사에게 큰 자신감과 축복과 성과를 가져다 줄 수 있다.

좋은 감독자들을 보유하는 것은 정직을 유지하는 데 여러 가지로 도움이 된다. 첫째로 문제가 아직 작을 때 고쳐나갈 수 있게 해준다. 둘째, 지도자들 간의 대화와 협력을 강화하는 데 도움이 된다. 셋째, 지도자들이 자신에 대해서 알고 자신의 동기를 점검하는 데 도움이 된다. 끝으로 다른 사람들이 지도자들에 대해서 어떻게 생각하는지 좋은 피드백을 얻을 수 있다.

직장에서 조직을 통해서 정직함을 개선하는 두 번째 방법은 우리의 행방을 알리는 것이다. 나는 어릴 때 "어디를 가든 내 마음이다"라는 것을 자랑삼는 남자들을 많이 보았다. 그런 태도가 현명하지 못한 선택을 낳고, 결국 파국으로 치닫는 결과를 가져오는 것을 여러 번 보았다. 나는 비서에게 내 스케줄을 알리고 변화가 있을 때마다 곧장 알려줌으로써 이러한 문제를 예방하려고 노력한다. 내 비서는 내가 어디에 누구와 함께 있으며 어떻게 연락할 수 있는지 언제나 알고 있다. 이렇게 함으로써 누군가 나의 업무량이나 나의 일하는 습관에 대해서 궁금해 하거나 내가 혹시 있어서는 안 되는 장소에 있는 것은 아닌지, 같이 있어서는 안 되는 사람과 있는 것은 아닌지 걱정할 필요가 없도록 하고 있다. 자원해서 이 정보들을 제공함으로써 나는 모든 사람들에게 나의 행동거지를 알리는 문제에 대해 거리낄 것이 없다는 것을 보여준다. 비밀이란 없다!

세 번째로 돈을 어떻게 쓰는지를 공개하는 것이다. 나의 경우 재정담당책임자와 사정관이 매달 나의 지출내역서를 검토한다. 그들이 그 적합성에 동의를 해야 지출내역이 통과된다. 둘 중 한 명이 어느 한 가지 항목에 대해서라도 문제를 제기하면 다시 변명할 기회 없이 이사회에 보고가 된다. 이사회와 재정위원회와 청문회가 다른 재정적인 결정들을 감독한다.

어떤 교회 지도자들은 "여러분이 만약 나를 믿고 하나님의 말씀을 가르치는 일을 맡겼다면 내가 돈을 어디에 쓰는지에 대해서도 신뢰를 해야 한다"고 말한다. 적색 경보이다! 이러한 교만한 태도야말로 정직을 파괴한다. 사역에 쓰는 비용은 아무리 적은 돈이라도 다 기록할 수 있는 방법을 찾아서 그것을 실행에 옮기도록 하라! 적절한 안전장치를 마련해야 하고 기록할 수 있는 방법을 생각해야 한다. 그리고 돈 문제에 관한 한 전혀 흠잡을 데가 없어야 한다. 주문서를 챙기고 영수증을 보관하고 청구서를 쓰고 예산의 범위 내에서 돈을 쓰는 것이 번잡하게 느껴질 수도 있다. 그러나 그렇게 해야 한다! 돈 문제에 대해 완전히 투명해야 한다.

   네 번째로 자신의 결정에 대해서 책임을 지는 것이다. 지도자들은 결정을 내린다. 그것이 우리가 맡은 임무이다. 지도자들은 시간당 급료를 받는 것이 아니다. 우리는 일을 하면서 현명한 결정을 하기 때문에 급료를 받는 것이다. 그래서 결정을 내릴 때 그에 대한 책임도 져야 한다. 물론 잘못된 결정을 내릴 때도 있을 것이다. 그러나 잘못된 결정을 해서 또 다른 잘못된 결정으로 상황을 복잡하게 만들어선 안 된다. 즉 다른 사람을 비난하거나 책임을 회피해선 안 된다. 참된 지도자는 남을 희생양으로 만들거나 책임을 전가하지 않는다.

   예전에 다른 일을 할 때 나는 이사회의 결정과 완전히 위배되는 결정을 한 적이 있었다. 나는 곧바로 이사회의 이사장님에게 전화를 해서 내 결정을 알리고 그 이유를 설명했다. 이사회가 다시 열렸을 때 나는 모든 이사들에게 나의 결정과 그 이유를 설명했다. 그들은 나의 결정을 지지하고 제시한 이유들을 인정했다. 그러나 이번에 동의를 했다고 해서 앞으로도 나에게 백지 위임장을 주는 것으로 생각해선 안 된다고 주의를 주었다.

   때로는 규칙을 어겨야만 할 때도 있다. 그런 상황이 발생했을 때 대부분의 합리적인 사람들은 납득하고 받아들인다. 우리의 행동을 합리화하려고 할 필요는 없지만 우리는 그들에게 설명하고 설득할 의무가 있다. 다음 장에서 아무도 지지하지 않는 결정을 내려야만 하는 경우에 대해서 이야기할 것이다. 하지만 그렇게 극적인 상황이 일어나는 경우는 드물다. 그렇게 극적인 상황은 우리가 책임을 회피하거나 남에게 전가

할 때 일어난다. 정직한 사람은 이런 반응보다 나은 반응을 요구한다.

정직은 권위 체계 안에서 삶으로 향상된다. 이 단순한 원리를 복잡하게 만들지 말아야 한다. 하나님께서 조직을 통해서 우리의 주위에 두신 사람들이 당신이 정직한 삶을 사는 데 도움이 되도록 활용해야 한다. 책임의 체계, 구조, 과정과 협력하는 법을 배우라. 당신 마음속에 반발심이 점점 커지는 것을 느낀다면 경각심을 가져야 한다! 죄 된 결정으로 인도하는 위태한 결정들을 합리화시키기 위해서 정직의 차원에서 너무 쉽게 타협할 수 있기 때문이다.

정직을 개발하기 위한 영적인 훈련

> 영적인 훈련은 우리의 삶을 매일 조금씩 건축해가는 것과 같다. 그것은 또한 바위를 닳게 하는 작은 시냇물과도 같다. 영적인 훈련은 우리의 불순물과 불완전함을 닳게 한다.

정직을 개발하고 유지하는 두 번째 중요한 방법은 평생 영적인 훈련을 실천하는 것이다. 영적인 훈련은 우리 삶에 체계를 마련해 준다. 영적인 훈련은 중요한 활동에 초점을 맞추도록 우리를 붙잡아주고, 우리를 변화시킨다.

영적인 훈련을 하는 것은 벽돌집을 짓는 것과 같다. 첫 번째 벽돌을 쌓았을 때는 집의 형체를 거의 알아볼 수 없다. 하지만 시간이 지남에 따라 한 번에 한 개의 벽돌을 쌓는 훈련을 통해서 견고한 구조물을 지을 수 있다. 영적인 훈련은 우리의 삶을 매일 조금씩 건축해가는 것과 같다. 그것은 또한 바위를 닳게 하는 작은 시냇물과도 같다. 영적인 훈련은 우리의 불순물과 불완전함을 닳게 한다. 정직을 유지하는 영적인 훈련에는 여러 가지가 있지만 최소한 네 가지 핵심적인 것들이 있다.

| 성경 묵상

성경을 정기적으로 읽고 하나님의 지혜와 지식과 인도를 구해야 한다. 이것은 설교를 위해서, 혹은 성경공부를 인도하거나 다른 사역을 위해서 하는 것과는 다르다. 다른 사람을 가르치기 위해서 성경을 공부하는 것이 자기를 위해서 공부하는 것보다 더 쉽다. 우리는 성경이 자기에게 하는 말씀을 듣기 위해서 성경 읽는 훈련을 해야 한다. "하나님, 제게 하고자 하시는 말씀은 무엇인가요?" 이것이 성경을 읽는 바른 태도이다.

여러 해 동안 나는 체계적으로 성경을 읽어 왔다. 마음이 편안할 때나 괴로울 때나, 하나님이 가까이 느껴질 때나 멀리 느껴질 때나, 성경이 읽고 싶을 때나 그렇지 않을 때나, 성경에서 "뭔가를 끄집어낼 수 있을 때"나 그렇지 않을 때나, 언제나 읽었다. 그냥 항상 성경을 읽었다. 나는 이 훈련이 하나님께서 나를 그분의 길로 인도하시는 일에 결정적으로 중요하다는 것을 알고 있다.

우리 어머니에게는 훈련이 잘된 좋은 말 한 필이 있다. 어머니가 말을 타시는 것을 보면 마치 마술쇼를 보는 것 같다. 말은 고삐를 살짝 건드리기만 해도 즉각적으로 알아듣고 따른다. 뭘 시키려면 온 힘을 다해서 끌어내야 하는 늙은 나귀와는 완전히 대조가 된다. 매일의 성경 묵상은 하나님께 부드러운 충고의 기회를 드리는 것이다. 우리는 주님의 물음에 짧게 대답할 수 있어야 한다. 우리가 하나님의 말씀을 매일 듣고 그에 부합되는 반응을 하는 편이, 어쩌다 한 번씩 일어나는 대지진을 통해서 하나님의 길로 돌이키는 것보다 낫다.

| 묵상 기도

우리는 우리의 필요와 영적인 문제들을 놓고 정기적으로 기도해야 한다. 지도자들은 남을 위해 기도하는 일이 많다. 그러나 우리 자신을 위해서 기도하는 훈련도 해야 한다. 이런 기도는 하기가 더 어렵다. 깊은 묵상과 자기 내면을 들여다보는 것이 남을 위해 중보하는 것보다 더 어렵다. 하나님께서 우리 안에서 일하시기를 구하는 것이 남을 위해 우리를 사용해 달라고 구하는 것보다 어렵다.

이 과정은 우리의 죄를 드러내 주시도록 구하고 고백하고 회개하는 것을 포함한다. 또한 성경을 묵상하고 깨달은 것들을 적용하는 기도를 포함한다. 이 기도는 또한 개인적인 필요, 두려움, 염려, 소원들을 포함한다. 다시 한번 말하지만 변명이 필요하지 않게 해야 한다. 하나님과의 관계를 자주 바로잡아야 한다.

| 안식일의 휴식

일주일 중에 하루를 휴식하는 것은 여러 가지 이유에서 중요한 영적인 훈련이다. 첫째로 교인들에게 우리도 사람이며 스스로의 한계를 인식하고 있다는 것을 보여줌으로써 겸손해질 수 있다. 둘째, 이는 우리가

7일 동안 할 수 있는 것보다 더 많은 일을 하나님께서 6일 동안 할 수 있다는 믿음을 보여준다. 셋째로 휴식을 통해서 육체적으로 새 힘을 얻게 되어 육신이 피곤한 사람들이 범하기 쉬운 실수를 저지르지 않게 된다. 넷째, 하나님께서 엿새 동안 일하시고 하루를 쉬신 것을 본받음으로써 하나님께 순종하는 모범을 보일 수 있다. 다섯째, 안식일의 휴식은 우리의 시각을 재조정해 주고 앞으로의 사역을 준비할 수 있게 해준다.

내가 아는 한 정직의 문제에서 중대한 잘못을 저지른 목사들 특히 도덕상의 오점을 남긴 교회 지도자들은 대부분 과로가 원인이었다. 피로한 상태에서는 심신이 건강한 상태에서라면 내리지 않았을 결정들을 하게 되는 수가 있다. 한 목사는 교회 재정을 사취한 것에 대해 "지난 2년 동안 나는 하루도 쉰 적이 없다. 교인들이 나를 너무 혹사시켰기 때문에 나에게 돈을 더 줘야 마땅하다는 생각이 들었다"라고 자신을 합리화했다. 그 목사님은 존경받는 성공한 목사님이었다. 목사님이 잘못된 선택을 한 것은 "교인들이 나를 너무 혹사시켜서"가 아니라 그 자신이 과로했기 때문이다. 과로는 때로 정직을 파괴한다.

많은 지도자들에게 있어서 안식일의 원칙을 세우고 지키는 것은 쉽지 않은 일이다. 이 문제에 대해서 보다 실제적인 계획을 짤 수 있도록 이 책의 10장에서 더 자세히 다룰 것이다.

| 예배 참석

공적인 예배는 하나님께서 우리를 만나시는 일차적인 방법이다. 예배 지도자들은 우리에게 진리를 선포하고, 음악과 기도를 통해 우리 자

신을 표현하고 헌금과 회개와 결단을 통해서 새롭게 순종할 수 있도록 해야 한다.

이것이야말로 가장 쉬운 영적인 훈련인 것처럼 생각될 수 있다. 많은 기독교 지도자들이 일주일에도 여러 번 예배를 인도한다. 지도자들은 하나님께 대한 자신의 반응보다 교인들의 반응에 더 신경을 쓰게 된다. 모든 지도자들은 때때로 예배 지도자로서가 아니라 예배자로서 설 필요가 있다.

기독교 지도자들을 위한 집회가 많이 있다. 그러나 집회에 참석할 때 하나님의 음성을 듣기 위해서 참석하는가? 당신 자신이 예배자가 되는 훈련이 필요하다. 공적인 예배에서 하나님께 마음을 열고 예배를 드려야 한다. 만약 한 주일에 몇 차례의 예배가 있는 교회를 지도하고 있다면 가끔씩 예배자로서 그 중 한 번의 예배에 참석할 수 있을 것이다. 이를 통해 하나님께서 당신을 감찰하시고 권고하시고 새로운 헌신과 결단으로 인도하시도록 할 수 있다. 그리고 정직하게 하나님이 인도하시는 대로 초대 시간에 공적으로 답하라. 교인들에게 좋은 것은 우리에게도 좋다!

    정직한 삶은 일생에 걸쳐 우리의 행동을 성경적인 기준에 맞추는 것이다. 이는 계속적인 과정이며 우리의 가치관을 삶의 모든 영역에서 실천하는 부단한 노력의 과정이다. 정직한 삶을 살 때 우리는 교인들의 신뢰를 얻을 수 있고 이러한 리더십이야말로 시간이 가도 잊혀지지 않고 소멸되지 않는다.

    우리에게는 정직한 삶을 살기 위해 필요한 자원들이 많이 있다. 앞에서 말한 것과 같은 영적인 훈련이 단단한 기초를 마련해 준다. 여기서 말한 영적인 훈련과 금식, 말씀 암송을 통해서 자신을 더욱 바로잡고 인도를 받을 수 있다. 정직한 삶을 살고 정직한 사람으로 불리는 것은 가능한 일이다. 그리고 가치 있는 일이다.

    정직함을 지키는 것은 평생에 걸친 과정이다. 열정을 가지고 정직한 삶을 추구하기를 바란다!

3장

하나님 안에서 안정감 누리기

성공하는 리더의
9가지 성품

지도자에게 있어서 정직 다음으로 중요한 것은 안정감이다. 그러나 이력서에 바람직한 자질로 안정감을 적는 경우는 거의 없다. 안정감이 있는 지도자는 자신이 누구이며 하나님께서 무엇을 하도록 인도하시는지를 안다. 그들은 자신의 장점과 단점을 알고 이 모든 것에 대해서 편안한 마음을 가지고 있다. 안정감이 있는 지도자들은 안정감이 결여된 지도자들에 비해 일을 성취해야 한다는 압박감이나 사람들을 기쁘게 하려는 압박감, 일의 성과를 통해서 자기를 증명하려는 압박감이 적다. 안정감이 있는 지도자들은 이런 문제들에 대해서 자유롭기 때문에 교인들에게 신뢰를 준다. 또한 안정감이 있는 지도자들은 역량 있는 지도자들을 동역자로 끌어들이다. 자신의 일과 그 보상을 나누는 것을 두려워하지 않기 때문이다.

많은 지도자들이 많은 것을 성취하려고 하거나 과다한 성취를 목표로 하는 경우가 흔히 있다. 그리고 보통 과다 성취는 깊은 불안을 가리기 위한 것인 경우가 많다. 불안정감은 대개 어린 시절의 심리적, 감정적 상처와 관련이 있다. 많은 것을 성취하는 지도자들을 포함해서 많은 기독교 지도자들이 결손 가정이나 불우한 가정 출신이다. 불안정의 이유는 이 외에도 여러 가지가 있다. 그러나 지금 여기서 그 원인을 다룰 필요는 없다. 분명한 사실은 불안정이 우리 모두에게 영향을 끼친다는 점이다. 아무리 재능이 뛰어난 지도자라고 해도 예외는 아니다.

안정감을 찾아서

> 참된 안전의 유일한 근원은 예수님을 통한 하나님과의 관계뿐이다. 하나님은 당신을 인정하시고 복을 주시며 받아들이시며 가치를 부여하신다. 하나님 안에서 우리는 안전하다.

안정감에 대한 추구는 인간의 가장 일차적인 욕구다. 이것은 자명한 사실이다. 사람들은 안정감을 누리기 위해 이를 찾아 아주 먼 길을 가기도 한다. 그런데 문제는 우리가 잘못된 것에서 안정감을 찾으려고 한다는 점이다. 우리는 성취나 관계 속에서 안정감을 찾다가 종종 파괴적인 결과를 초래한다.

좋은 사례는 예수께서 우물가에서 만난 여인 이야기에서 볼 수 있다(요 4장). 여인은 예수님께 종교적 성취에 관한 질문을 한다. "어디서 예배를 드려야 합니까?" 이에 예수님은 여인에게 "네 남편이 어디 있느냐?"는 질문으로 답을 하신다. 이에 여인은 여러 차례 결혼했고, 현재는 간음을 저지르고 있다는 것을 인정하는 것으로 이어진다. 그녀가 관계 속에서 안정감을 찾고 있었다는 것이 드러난 것이다.

예수님은 종교적 성취-합당한 예배-에 관한 그녀의 질문에 답하지 않으셨고, 그리고 관계성 속에서 안정감을 찾는 것이 잘못이라고 지적하지도 않으셨다. 대신 예수님께서는 그 여인의 가장 깊은 필요를 말씀하셨다. 그리고 그녀의 삶에 오셔서 가장 깊은 목마름을 해결해 주시겠다고 약속하시면서 자신을 "생수"의 근원이라고 말씀하신다. 예수님께서는 일시적인 목마름을 해결해 주는 우물에서 물 긷는 것을 그만 두고 참된 내면의 만족으로 나아오라고 말씀하신다.

지도자들을 포함해서 대부분의 사람들은 성취나 관계에서 안정감을 찾는다. 기독교 지도자들은 안정감을 종교적인 업적이나 종교적인 관계 속에서 찾기 쉽다. 그러나 어느 것도 궁극적인 만족을 주지 못한다. 모든 기독교 지도자들을 만족시킬 수 있는 더 나은 근원은 다른 데 있다.

그러나 먼저 지도자들에게서 나타나는 불안정의 증상이 무엇인지 살펴볼 필요가 있다. 부정적인 분석에서부터 시작할 수도 있다. 그러나 문제를 해결하기 전에 먼저 진단을 내려야 한다. 많은 지도자들이 고쳐야 할 건강치 못한 습관들을 가지고 있다. 이런 습관이나 사고방식은 우리의 성공을 가로막는다. 그러나 내적인 충동이 동일한 파괴적 행동을 반복하게 만든다. 그 강력한 내적 충동은 안정감에 대한 추구가 불건강한 형태로 표현된 것이다.

여기에 불안정한 리더의 몇 가지 증상을 소개한다. 당신 자신이 이런 증상을 가지고 있다면 읽는 중에 불편한 마음이 들 것이다. 그러나 그러한 불안이 큰 변화를 이끌 수 있다. 안정감은 지도자에게 있어서 핵심적이다.

| 지도자들의 불안정이 어떻게 표현되는가?

불안정은 지도자들의 그릇된 행동의 근본 원인이다. 많은 경우에 지도자들은 이 증상들을 완화하는 데 많은 노력을 들인다. 그러나 근본적인 문제는 해결되지 않는다. 기독교 집회에도 참석하고 책도 읽고 상담도 받고 혹은 학위를 더 따기도 한다. 그러나 이런 모든 것이 행동의 변화를 가져오지 않을 때 지도자들은 좌절하고 더 큰 잘못된 행동을 하게 된다. 해결방법은 자신의 증상을 분석하고 진정한 근원을 찾아내는 것이다. 증상만 다루지 말고 원인을 치료해야 한다.

그렇다면 불안정이 어떻게 드러나는가? 불안정한 지도자인 것을 말해 주는 증상은 무엇인가? 겉으로 보기에 성공적인 사람들을 몰아붙이는 내적인 불안정은 무엇인가?

증상 1. 죄책감을 느끼지 않고는 거절을 하지 못한다.

지도자들에게는 많은 요구가 주어진다. 약속이나 모임에의 초대나 지역사회의 활동, 모금운동에 참석해 달라는 요구, 혹은 기대수준이 높은 교인들의 요구를 거절하는 것은 쉽지 않다. 일부 지도자들은 이런 요구를 승낙할 때 느끼는 성취감이나 인정 때문에 거절을 하지 못한다.

어떤 목사는 이렇게 말했다. 교인들이 전화를 해올 때마다 그들이 원하는 것이 무엇이든지 늘 응답을 해야 할 의무가 있다는 느낌을 갖는다는 것이다. 가족들과 함께 팝콘을 먹으며 영화를 보려고 앉는 순간, 혹은 아들의 운동 경기를 보려고 나가려는 순간, 혹은 아내와 저녁식사를 하러 나가려고 옷을 입는 순간에 전화가 울리는 경우가 수없이 많았는

데 그럴 때마다 위기 상황도 아닌 "필요"에 답하기 위해서 계획을 포기하고 그 사람들을 만나러 갔다고 한다. 그는 거절을 할 줄 모르는 사람이었다. 그 목사는 사람들에게 일을 열심히 하는 목사라고 인정받는 것에 중독된 것이다.

그는 성장하고 있는 교회를 이끌고 있는 능력 있고 지적이고 성공적인 목사이다. 그는 내게 이렇게 말했다. "제 생각에 우리 교회가 천 명까지는 성장할 수 있다고 봅니다. 제가 돌볼 수 있는 사람의 수는 그 정도인 것 같습니다." 그가 돌본다는 것은 "개인적으로 보살핀다"는 뜻이다. 나는 그 목사님에게 사역의 방식을 재고해 봐야 하지 않겠느냐고 제안을 했다. 무엇이 그를 그렇게 몰아가고 있는지, 그 가족과 자신의 건강에 끼칠 장기적인 영향에 대해서 생각을 해보라고 했다. 그는 확고한 어조로 이렇게 말했다. "다 관리하고 있습니다. 어차피 하나님은 교인들을 위해 희생하라고 나를 부르셨습니다."

그는 어릴 때 아버지로부터 사랑을 거의 받지 못하고 학대를 받는 가정에서 자랐다. 그는 십대 때 영적인 열정으로 교회에서 칭찬을 받았고 곧 기독교 사역에 중독이 되었다. 타고난 재능과 총명함과 언변까지 결합되어 마치 이상적인 목사인 것처럼 보였다. 모든 교회가 바라는 근면하고 기도와 설교에 힘쓰는 그런 목사인 것 같았다.

그러나 시간이 지남에 따라 그 목사의 아내는 남편이 가정을 소홀히 하고 사역에 대해 왜곡된 관점을 가진 것에 실망하게 되었다. 그녀는 남편이 자신과 가정에 더 많은 시간과 관심을 쏟아야 한다고 요구했다. 그 목사는 그러겠다고 약속했지만 알콜 중독자가 술병을 내려놓지 못하듯이 습관이 된 사역방식을 버리지 못했다. 자신의 깊은 불안정감을 달래기 위해 매일같이 인정을 받을 필요가 있었던 것이다. 그 목사는 교인들의 존경을 받는 데서 오는 자존감과 귀속감, 자신이 가치가 있다는 느낌에 갈급했다. 좀 더 시간이 지나자 그 사모는 남편의 관심을 요구하기를 그만두고 더욱 심각한 형태로 반대를 하기 시작했다. 사모로서 지나친 행동을 하게 된 것이다. 외부인들은 그녀의 "반항"에 대해 의아해 했지만 내막을 아는 사람들은 그녀에게 문제가 있는 것이 아니라는 것을 알고 있었다.

결국 사태는 남편이 줄 수도 없고, 주려고도 하지 않는 관심을 받기에 갈급한 사모가 다른 남자와 함께 남편을 떠남으로써 완전히 파국에 이르렀다. 어떤 사람들은 그녀의 불륜을 나무랐지만 – 물론 그것도 사실이지만 – 실상을 아는 사람은 그렇게 생각하지 않았다. 이 가정이 깨진 것은 한 여인의 정욕 때문이 아니라 불안정한 목사의 만족되지 않는 갈증 때문이었다.

거절할 때마다 죄책감을 느끼는 것은 불안정의 증상일 수 있다. 사람들의 존경과 인정, 심지어 아첨을 갈구하는 것이다. 안정감이 없는 사람은 거절을 할 수가 없다. 안정감이 있는 지도자들은 다른 사람들로부터 끊임없이 인정을 받을 필요가 없기 때문에 거절을 할 수 있다.

증상 2. 실패할 위험을 무릅쓰지 못한다.

지도자들은 실패할지도 모르는 위험을 무릅써야 하는 결정을 내릴 수 있는 결정자들이다. "실패를 견딜 수 있는 유전자"를 갖는 것이 창의적으로 패러다임을 바꾸고 새로운 일을 시도하는 지도자들에게 반드시 필요하다.

그러나 일부 지도자들은 이 점에서 요지부동이다. 이들은 실패할까 두려워서 위험부담을 지려고 하지 않는다. 사람들이 어떻게 생각할지 혹은 교회에서나 사회에서의 지위를 잃지는 않을까 두려워한다. 만약 실패하면 사람들이 나를 어떻게 생각할까? 이것이 그들의 걱정이다. 이러한 지도자들은 자신의 지위에 연연한다. 자존심 때문이 아니라 안정감이 부족하기 때문에 실패를 견디기가 힘들다.

어떤 젊은 지도자가 위험부담이 있는 결정을 내리는 것을 점점 더 힘들어하고 있었다. 그는 새 교회를 시작하면서 사람들에게 인기가 없는 결정을 내린 적이 있었다. 그 결정은 좋은 결과를 얻을 수 있는 현명한 결정이었지만 사람들이 좋아하지 않는 결정이었다. 비판적인 사람들이 뒤에서 그를 좀이 옷을 먹듯이 헐뜯었다. 시간이 갈수록 이 젊은 지도자는 점점 더 위축되었고 나중에는 자신의 자존심을 다치게 하는 비판을 더 이상 견딜 수가 없어서 결정을 내리는 것 자체를 피하게 되었다. 결국은 결정을 내리는 능력이 완전히 마비가 되어 지도자의 역할 자체를 그만두게 되었다.

이 글을 읽는 사람들 중에 이런 경험이 있는 사람이 있을 것이다. 처음에는 위험부담을 기꺼이 감수했지만 이제는 비난을 받는 일에 지쳐서 매번 무슨 결정을 내릴 때마다 여러 가지로 재어보고 사람들이 어떻게 반응할지-이것은 누구나 고려하는 것이다-를 생각할 뿐 아니라 사람들의 반응에 대해서 자신이 어떻게 반응할 지-안정감이 결여되어 있다는 증상-에 기초해서 결정을 내린다.

우리는 누구나 남들이 자기를 좋아하기를 바란다. 문제는 사람들이 싫어할까봐 결정내리는 것을 피하고 위험부담 지기를 꺼린다는 것이다. 이런 사람들은 다른 사람들의 호감에서 오는 안정감이 꼭 필요하기 때문에 이러한 관계를 위협하는 일은 아무것도 하지 않으려고 한다. 이전에 대학총장이었던 분은 이사회에서 활동하는 사업가들은 목사들과 같이 일하는 것을 좋아하지 않는다고 말했다. 왜냐하면 목사들은 사람들의 눈치를 보는 것으로 악명이 높기 때문이란다. 너무 심한 말로 들릴지 모르지만 불행히도 너무나 많은 경우, 이것은 사실이다.

불안정한 지도자들은 실패할 것에 미리 움츠러든다. 안정감이 있는 지도자들은 실패할 가능성이 있더라도 결정을 내릴 수 있다. 사람들의 반응을 고려하지만 그것에 의해서 좌우되지는 않는다.

증상 3. 다른 사람들의 결정 능력을 믿지 못한다.

나는 지난 몇 년 동안 사람들에게 일을 나눠주고 참여시키는 일에 관해 기독교 지도자들을 훈련시키는 콘퍼런스를 후원하는 일을 해왔다. 나는 콘퍼런스에 참석한 지도자들이 열심히 배운 바를 노트에 받아 적는 것을 많이 보았다. 그러나 그것을 실천에 옮기는 사람들은 별로 없는 것 같았다.

대부분의 지도자들에게 부족한 것은 지식이 아니다. 유능한 지도자들은 조직을 확대하기 위해서 자원봉사자를 모으거나 스태프를 고용한다는 것을 알고 있다. 또한 사람들에게 어떻게 동기를 부여하고 사역을 위해서 훈련을 시켜야 하는지 알고 있고 컴퓨터로 멋진 조직표를 그리는 법과 어떻게 사역 팀의 구조를 짜야 하는지도 잘 알고 있다.

그러나 이런 일을 실천에 옮기려 할 때 가로막는 것이 있다. 바로 안정감의 결여다. 많은 지도자들은 다른 사람들에게 사역을 하도록 권한을 주고 중요한 결정을 내리도록 맡기지를 못한다. 실제로 아랫사람이 믿을 만하지 못할 수도 있다. 그리고 정말로 그 사람이 그 일에 적합하지 않을 수도 있다. 이런 경우 현명한 지도자라면 결정권을 넘기지 않을 것이다. 그러나 더 많은 경우 문제는 지도자가 결정권을 남에게 넘기기를 원하지 않는다는데 있다.

결정을 한다는 것은 좋은 결정에 대해 점수를 얻고 잘못된 결정을 방지해서 비난을 피할 수 있다는 것을 말한다. 이 모든 것이 앞에서 말한 안정감의 두 가지 증상과 관련이 있다. 사람들이 자신에 대해 안정감을 느끼기 위해서는 사람들의 인정이 필요하기 때문에 모든 결정에 대해서 인정을 받으려 한다. 잘못된 결정의 고통을 피하고자 하는 것은 그 결과로 인한 비난을 감수할 만큼 안정감이 없기 때문이다.

젊은 목사였을 때 나는 집사들의 모임에 매번 참석하고 모든 위원회 모임에 다 참석했다. 총명한 내가 참여하지 않은 상태에서는 아무것도 진행되지 않았다! 어쨌든 나는 목사가 아닌가. 그 당시 나는 겨우 스물네 살이었고 당시 내려진 결정들에 대해서 아는 바가 별로 없었지만 책임자로 보이기 위해 온갖 신경을 썼다. 나의 불안정이 이 모든 모임에 다 참여하지 않을 수 없게 한 것이다. 나는 좋은 결과를 얻을 수 있는 결정을 내렸다는 인정을 받기 원했고, 나쁜 일이 발생하는 것을 막기를 원했다.

두 가지 경험이 나의 사고를 바꿔놓았다. 첫째는 여름성경학교였다. 나는 그전에 어린이 사역을 맡았던 경험에 비추어 우리 작은 교회의 여름성경학교 프로그램을 어떻게 할지 아이디어가 있었다. 어느 날 교회에 들어서는데 한 자매가 내 사무실로 찾아와서 이렇게 말했다. "올해는 제가 여름성경학교 교장을 할 차례예요. 다른 한 자매와 제가 해마다 번갈아가며 하고 있거든요. 괜찮으시다면 곧 시작하려고 하는데요. 올해는 200명 정도의 학생이 올 것 같아요."

나는 하마터면 큰 소리로 웃을 뻔했다. 100명만 넘어도 기적이라고 생각했던 것이다. 하지만 "자기 식대로 하도록 내버려 두자. 내년에는 내가 참여해 주기를 바라게 되겠지"라고 생각했다. 그런데 정말로 200명이 넘는 아이들이 모였다! 정말로 놀라운 일이었다. 내가 지도를 해주지 않아도 이렇게 성공적인 사역을 할 수 있다니. 그녀는 나보다 여름성경학교에 대해 더 잘 알고 있었다.

한번은 우리는 오랜 회의시간을 걸쳐서 교회의 장기 계획을 짤 모임을 가지고 있었다. 나는 그 모든 것에 손을 댔다. 내가 검토해서 승인하지 않고는 아무리 작은 일이라도 그냥 결정되는 일이 하나도 없었다. 그 계획을 제시했을 때는 거의 교회가 분열될 뻔했다. 이것을 해결하기 위해서 모였던 회의는 내 사역의 경험 중에서 최악의 경험이 되었다. "총명한" 내가 참여 했을 때 어떤 일이 벌어지는지를 보여주는 좋은 사례였다.

그 외에도 비슷한 많은 경험을 통해서 하나님께서는 내가 교회의 모든 모임에 가지 않아도 된다는 것을 가르쳐주셨다. 게다가 더 고통스러웠던 것은 나 스스로 꼭 참석해야 한다고 생각하는 이유를 하나님께서 보여주기 시작하신 것이었다. 내면의 불안정감이 어떻게 성공적인 지도자가 될 수 있는지에 대해서 내가 받은 훈련과 직감을 다 무시하게끔 나를 몰아가고 있었다는 것을 알게 되었다.

이 첫 사역의 경험을 통해서 나는 그 후 교회를 개척하는 데 유용한 많은 경험을 쌓을 수 있었다. 우리는 오리건 포트랜드에 있는 교회로 이사를 가서 개척 교회를 시작했다. 나는 나의 불안정감을 직면하고 행동을 바꾸기 시작했다. 처음부터 사람들을 사역에 참여시켰다. 그 중에는 내가 안지 몇 주일밖에 안된 사람들도 있었다. 심지어는 신자가 된지 그렇게 오래되지 않은 사람들에게도 책임이 따르고 결정권이 있는 일들을 맡겼다. 그들은 가끔씩 잘못된 결정을 할 때도 있었지만 대부분 잘해나갔다.

지도자의 역할을 분담하고 일을 맡기고 권한을 주는 능력은 내가 예수 그리스도 안에서의 안정감이 커지는 것과 비례해서 더욱 커져갔다. 때로는 지도자들의 회의나 그 밖의 교회 모임에서 빠지고 우리 아이들에게 여러 가지 운동을 가르친 적도 있었다. 모두 "어떻게 결정하든 나는 동의한다"라는 전제 아래였다. 또 우리는 어떤 일을 시작할 때 훈련을 시킨 후 그들이 요청을 하거나 그 일이 끝났을 때만 그들과 만나는 체계를 구축했다. 몇 년 동안 우리는 이 모델을 사용해서 예산과 선교 전략을 짜고, 청소년과 어린이 프로그램, 다른 여러 사업들을 해나갔다. 내가 직접 회의에 참여하지 않은 경우가 수백 번까지는 아니더라도 수십 번은 되고, 교회는 그로 인해서 오히려 더 잘 되어갔다.

이러한 변화는 내가 한 개인이자 지도자로서의 안정감이 성장했기 때문에 가능했다. 불안정한 지도자는 다른 사람들과 지도자의 역할을 공유하고 함께 결정을 내리기 위해 남들에게 권한을 주는 것을 힘들어 한다. 반대로 안정감이 있는 지도자는 다른 사람들이 지도하고 결정을 내리는 일을 신뢰한다.

증상 4. 일을 올바른 시각으로 보지 못한다.

사람들은 흔히 그들이 하는 일을 가지고 사람을 규정한다. 누군가를 처음 만났을 때 그 사람을 알기 위해서 처음 하는 질문은 흔히 "무슨 일을 하십니까?"이다. 우리가 하는 일을 가지고 우리를 정의하도록 하는 것이다. 우리의 안정감과 자존감도 일의 성과에 따라서 좌우되는 경우가 많다.

이것은 기독교 지도자의 경우에 큰 문제가 될 수 있다. 우리의 일은 쉽게 눈에 보이는 성과를 내는 것이 아니다. 하루가 끝났을 때 눈에 보이는 성과가 있는 경우는 별로 없다. 우리의 사업은 삶을 변화시키는 것인데 그것은 매우 느리고 겉으로 잘 드러나지 않는 일이다. 우리가 하는 일에는 분명한 손익분기점이 없다.

어떤 지도자들은 이런 답답한 상황을 잘 견디지 못한다. 그들의 불안정으로 인해서 뭔가 점수를 매기고 성과를 표현하고자 한다. 이를 위해 이들은 오랜 시간 일을 한다. 또 다른 방법은 효율적으로 일하기보다는 단지 바쁘게 살기 위해 일하는 것이다. 어떤 사람들은 자신이 하는 일과 그 결과를 남들에게 알린다. 상담시간에 있었던 일, 밤늦게 병원을 찾아간 일, 혹은 교회의 어려운 과제를 어떻게 해결했는가 등등을 주일 설교나 목회자들이 보는 뉴스레터의 칼럼난에서 이야기한다. 심지어는 그다지 괄목할 만한 성과가 없을 때에는 침(세)례, 예산, 교회 건물 건축 등의 보고가 주된 내용이 된다.

지도자들이 자신의 일을 보는 시각을 놓고 힘들어하는 이유는 내면의 불안정 때문이다. 자신을 다른 지도자들과 비교하는 사람들은 특히 불안정해지기 쉽다. 다른 분야의 지도자들은 물건을 만들고 이윤을 높이고 예산을 증가시키고 수익을 늘리며 무언가 손에 잡히는 성공을 이룬다. 기독교 지도자들도 이런 사람들이 받는 것과 같은 인정과 존경, 자기만족을 얻기를 원한다.

이러한 증상은 물질적인 소유에서 안정감을 찾으려는 미묘한 유혹으로 드러난다. 특히 미국의 기독교 지도자들은 사역을 직업으로 할 수 있는 조건이 갖추어져 있고 또 합당한 보수를 받는다. 개중에는 후한 보수를 받는 사람들도 있다. 한 목사는 "사역에 있어서 가장 높은 보수가 어느 만큼인지는 알 수 없지만 지금 그 지점을 향해서 최대한 **빠른** 속도로 가고 있는 중이다"라고 말했다. 그는 열심히 일을 하면 그에 따라 승진과 경제적인 보상이 따를 것이라고 믿고 있었다. 자본주의 사회에서 대개는 그렇다.

그러나 기독교 지도자들은 경제적인 성공에 이끌려서는 안 된다. 이는 잘못된 안정감으로 이어지고 사역에 대한 환멸을 가져온다. 우리는 일과 생산성과 개인적인 소득과 안정감에 대해 좀 더 나은 모델을 가져야 한다. 주님의 권위 아래서 올바른 목적과 야망을 갖는 것은 칭찬할

만한 일이다. 하지만 금전적인 이득을 통해 안정감과 개인의 가치를 찾으려는 생각은 잘못된 것이다.

이와 관련해서 불안정을 드러내는 또 하나의 증상은 다른 교역자들의 성공을 기뻐하지 못하는 것이다. 하나님의 축복을 경험하고 있는 사람들을 비판하는 것은 그들이 아니라 우리 자신의 인격적 결점을 드러낼 뿐이다. 안정된 지도자들은 이런 문제를 벗어난 사람들이다. 그들은 자신의 일에 대해서 건강하고 균형 잡힌 시각을 갖고 있다. 일을 잘 하는 것은 중요하지만 그것이 안정감의 근원은 아니다.

분석하고 진단하는 것만으로는 충분하지 않다. 이 책을 통해 처음으로 불안정이 자신의 근본적인 문제였다는 것을 깨달은 사람도 있을 것이다. 그렇다면 이런 증상을 어떻게 해결해야 할 것인가?

| 예수 그리스도 안에서 안정감 얻기

불안정 문제가 너무 드러나서 더 이상 간과할 수가 없을 정도가 되었을 때 나는 "이 문제를 어떻게 해결해야 하나? 어떻게 참된 안정감을 얻을 수 있나?"라는 질문을 하게 되었다. 그리고 이어서 더 근본적인 질문으로 "안정감을 가지고자 하는 것이 잘못된 것일까?"라는 의문을 갖게 되었다.

안정과 자존감에 대한 욕구는 잘못된 것이 아니다. 하나님께서는 모든 사람들에게 동일한 기본적 욕구와 욕망을 주셨다. 문제는 이 깊은 욕구를 흔히 파괴적인 방식으로 만족시키고자 한다는 데 있다. 그 해결책은 안정감을 느끼고자 하는 욕구를 없애는 것이 아니라 올바른 데서 안정감을 찾는 것이다.

　기독교 신앙의 기본 교리는 믿는 자들이 안전하다는 것이다. 나는 이 교리를 믿지 않는 교회들이 많이 있는 지역에서 자랐다. 나는 침례교인들과 다른 교파의 교인들이 "한 번 구원은 영원한 구원"인가, 아닌가에 대해 열띤 토론을 하는 것을 많이 보았다. 이것이 내가 처음 믿는 자들의 안전성의 문제를 접하게 된 때였다. 초점은 영원에 있었다. 지금 구원을 받으면 영원히 구원을 받는 것이다. 당시 나는 이 교리는 오늘에 관한 것이라기보다는 내일에 관한 것이라고 생각했다.

　개인적으로 나 자신이 안정감이 결핍되어 있다는 사실을 알게 되면서 나는 믿는 자들의 안전성에 관한 교리를 다시 생각해 보게 되었다. 믿는 자들의 안전은 오늘뿐 아니라 영원에 관한 것이라는 사실이다. 예수님을 통한 구원을 믿는 모든 사람들은 예수님과 함께 영원히 안전하다. 또한 지금 이 순간도 앞으로와 마찬가지로 안전하다. 예수님 안에서의 안전은 죽는 순간에 얻는 것이 아니다. 구원을 받는 순간 우리는 그것을 받는다. 우리는 영원히 안전한 만큼 이 순간에도 안전하다.

　믿는 자의 안전은 차갑고 무미건조한 교리가 아니다. 그것은 우리가 기뻐해야 하는 영적인 현실이다. 불안정을 극복하는 출발점은 예수님 안에서의 안전에 관한 성경적인 진리로 우리의 마음을 새롭게 하는 것이다. 믿는 자인 우리의 안전, 특히 지도자인 우리의 안전은 다음의 핵심적인 말로 요약할 수 있다.

　하나님과 예수님이 당신을 안전하게 하신다. 요한복음 10장 28절을 보면 예수님께서 믿는 자들을 꼭 붙들고 계신 것으로 나와 있다. 예수님은 "그들을 내 손에서 빼앗을 자가 없다"고 약속하셨고 예수님과 하나님은 "하나"라고 말씀하셨다. 즉 하나님은 예수 그리스도를 통해서 당신과 하나님의 안정된 관계를 보장하신다는 것이다. 이 단순한 확신이야말로 믿는 자로서 우리가 누리는 안전의 기초다.

이것은 얼마나 위로가 되는 말씀인가! 우리의 안정성은 하나님과 우리의 관계에서 온다. 우리는 자신의 안전에 대해 책임이 없다. 우리가 안정감을 초래하는 강한 감정을 가질 수 있는 방법을 찾거나 개인적인 안정감을 스스로 발생시켜 보려고 노력할 책임이 없다. 우리는 안전하다. 왜냐하면 하나님께서 당신을 안전하게 붙잡아 매셨기 때문이다. 하나님은 우리에게 정체성을 주시고 그의 자녀로서 가치를 불어넣으셨다.

안정감은 관계로부터 온다. 우리는 이것을 직감으로 안다. 안정감을 잘못된 관계에서 찾는 것이 문제이다. 이는 지도자들로 하여금 궁극적으로 관계를 남용하게 한다. 사람들의 인정과 칭찬을 받기 위해서 사람들을 과도하게 섬긴다. 내적인 궁극을 얻으려고 부도덕한 관계를 가질 수도 있다. 혹은 자리를 지키기 위해서 부당한 타협을 할 수도 있다.

원칙은 옳지만 적용이 틀렸다. 우리는 관계에서 안정을 찾아야 하지만 올바른 관계에서 찾아야 한다. 즉 예수님을 통한 하나님과의 관계에서 찾아야 한다. 그 외의 다른 관계, 즉 아내나 자녀, 어머니, 아버지, 혹은 교인들에게서 찾는 것은 당신을 더욱 공허하고 갈급하게 할 뿐이다.

참된 안전의 유일한 근원은 예수님을 통한 하나님과의 관계뿐이다. 하나님은 당신을 인정하시고 복을 주시며 받아들이시며 가치를 부여하신다. 하나님 안에서 우리는 안전하다.

참된 안정감은 모든 위협을 견딜 수 있다. 예수님은 요한복음 10장 28~29절에서 우리의 안전과 관련된 두 가지 다른 약속을 하셨다. 예수님은 우리가 너무 안전해서 "아무도" 우리를 해할 수 없으며 우리에게 "영생"을 약속하셨다. 이것은 우리의 안정과 관련해서 두 가지 의미가 있다.

첫째, 아무도 우리가 예수님을 통해 하나님 안에서 소유한 안정을 빼앗을 수 없다. 우리는 이 점에 대해 반복해서 자주 시험을 받을 것이다. 지도자들은 때로 다루기 힘든 사람들을 만난다. 우리는 비판을 당하고 조롱을 당하고 거부당한다. 우리의 제안은 분석되고 해부되고 무시당한다. 사람들은 우리의 옷차림이나 우리가 타고 다니는 차나 여가활동에 대해서 "건설적인 비판"을 해준다. 사람들은 우리의 자녀양육 방식과 머리스타일과 집안 장식에 대해서 평을 한다. 우리 삶의 어떤 영역도 그들의 호기심에 찬 눈과 날카로운 평가에서 벗어날 수 없다.

한 목사님이 교인들에게 첫 아이를 입양할 예정이라고 발표를 했다. 그러자 한 여성도가 이렇게 말했다. "그게 모든 목사님들이 아이를 갖는 최선의 방법이지요." 지도자의 삶의 어떤 문제도 공적인 평가대상에서 벗어나지 못하는 것 같다.

이보다 더 심각한 비판자들은 독설적인 편지를 쓰고 공식적으로 당신을 책망하기 위해서 약속을 정하거나, 뒤에서 험담을 하거나 혹은 공적으로 당신을 비판한다. 아무리 우리가 강하고 아무리 그런 공격이 근거가 없더라도 그런 비판들은 상처를 주기 마련이다. 사람들의 비난은 불안정한 지도자들로부터 하나님의 복이 함께 하신다는 느낌을 앗아가

버린다. 그러나 안정된 지도자들은 그런 비난이 주는 감정적인 고통을 느껴도 그런 것에 의해서 좌우되지는 않는다. 그들은 진정으로 중요한 관계성 안에서 안식하기 때문이다.

둘째, 이 안전은 영원하다. 이 안정감은 천국에서만 아니라 이 땅에서도 누릴 수 있다는 것을 기억해야 한다. 특히 현재와 미래에 무슨 일이 일어나든지 우리는 안전하고 언제나 안전할 것이다. 그러므로 우리는 공적인 비난이나 지위의 상실, 잘못된 결정이나 다른 개인적인 공격을 견딜 수 있다. 개인적인 상실이나 가족의 질병, 경제적 어려움, 혹은 그 어떤 미래의 난관도 이겨낼 수 있다. 예수님을 통한 하나님과의 관계 속에서 누리는 안정감은 우리에게 어떤 일이 일어나든 그로부터 당신을 지켜 줄 것이다.

이것이 믿는 자의 안전이다. 우리는 미래의 어떤 순간도 그렇지만 지금 현재도 안전하다. 그리고 우리는 언젠가는 천국에 이를 것이다. 그러므로 지금 이 순간 살아가면서 이를 누려야 한다.

안정감이 있는 지도자들은 자유롭게 하나님께 순종한다. 예수께서 우리의 안정감에 대해서 가르치셨을 때, 그분은 자신을 따르는 이들에게 그 음성을 듣고 따르라고 하셨다(요 10:27). 예수께서는 중요한 사실을 지적하셨는데 그것은 사람들은 안정감에 대한 욕구가 매우 강하다는 사실이다. 안정감은 우리를 지배할 뿐 아니라 강력한 갈증이기 때문에 우리는 이 욕구를 충족시킬 수 있다면 무엇이든 하려고 한다. 그러므로 우리는 진정한 안정감의 근원이신 예수를 통해서 하나님께로부터 오는 안정감을 추구해야 하며 이는 지도자들을 자연스럽게 하나님께 복종하게 한다.

내가 아는 한 젊은 지도자는 깊은 불안감으로 인해 인터넷의 외설물에 빠지게 되었다. 그는 그것들을 보면서 달리 경험하지 못한 만족을 느꼈다. 왜곡된 방식으로 순간적으로 자신의 남자다움을 증명하고 안정감을 느끼고자 했던 것이다.

죄책감을 느끼고, 자책감에 시달리고 하나님께 다시는 그러지 않겠다는 약속을 수없이 하고도 그는 거기서 벗어나지 못했다. 결국은 감정적인 파국을 맞이하게 되었고 그의 아내와 장로들의 현명한 상담과 지원 그룹과 교회의 도움을 통해서 그의 행동을 바꿀 수 있었다. 그러나 진정한 변화가 일어난 것은 그가 자신의 근본적인 문제가 외설물이 아니라는 사실을 깨달았을 때였다. 그것은 단지 증상일 뿐이었고 진짜 문제는 깊은 불안감이었다.

우리는 어떤 식으로든 안전에 대한 욕구를 충족시킨다. 안정감을 느끼고자 하는 욕구 자체는 문제가 아니다. 그것을 어떻게 충족시키느냐가 문제이다. 사람들이 당신을 좋아하는 것에서 안정감을 찾는다면 우리는 무슨 대가를 치르든 남들을 기쁘게 하려고 할 것이다. 우리가 성공에서 안정감을 찾는다면 성공을 향해 질주할 것이다. 아무리 순간적이더라도 육체적인 쾌락에서 안정감을 찾는다면 우리는 그러한 쾌락을 추구할 것이다. 우리는 안전에 대한 우리의 욕구를 만족시키는 것들에 복종할 것이다. 우리가 예수 그리스도를 통한 하나님과의 관계에서 안전을 찾는다면 하나님께 순종할 것이다.

안정감 있는 지도자들은 자신감이 있으나 교만하지 않다. 그들은 여유가 있지만 방종하지 않는다. 안정감이 있는 지도자들은 하나님께서 자신의 가치와 행복의 확고한 근원이시라는 현실 가운데 안식한다. 그들은 더 이상 무엇을 증명하거나 정복할 필요가 없으며 누군가에게 사로잡히지 않는다. 안정감이 있는 지도자들은 자유롭게 하나님께 순종한다. 이것보다 더 큰 자유는 없다!

마음을 새롭게 함으로 진정한 안정감 갖기

> 훈련의 기본은 성경을 암송함으로써 마음을 새롭게 하는 것이다. 예수 그리스도 안에서의 안전에 관한 중요한 구절들을 골라서 암기한다.

안정감의 근원적 변화는 어떤 한 순간에 일어나기도 하고 시간이 감에 따라 서서히 일어나기도 한다. 그러한 변화는 안정감의 유일한 올바른 근원이 예수 그리스도를 통한 하나님과의 관계 안에 있다는 진리를 받아들이는 순간 시작된다. 이것이 우리가 성경에 계시된 절대적이고 타협할 수 없는 진리에 기초해서 결정을 내리는 "순간"이다.

이를 확인하는 것, 즉 우리의 안정감의 근원이 무엇인지를 확인하는 것이 첫걸음이다. 그러나 이보다 더 어려운 것은 두 번째 단계다. 그릇된 안정감에 기초한 잘못된 생각과 파괴적인 행동, 나쁜 습관을 변화시키는 영적인 훈련을 실천하는 것이다. 여기에는 묵상과 기도, 반성과 나눔 그리고 어려운 결단 등이 포함된다. 이러한 훈련의 기본은 성경을 암송함으로써 마음을 새롭게 하는 것이다. 예수 그리스도 안에서의 안전에 관한 중요한 구절들을 골라서 암기한다. 그 말씀들은 우리의 사고를 재구성하고, 마음을 새롭게 한다. 이런 말씀들은 우리 자신을 새로운 시각으로 보게 해주고, 자신의 진정한 가치가 어디 있는지에 대해 새로운 관점을 갖게 해준다. 이렇게 할 때 참된 선택을 통해 참된 변화가 일어날 것이다.

내게 있어 이것은 결정을 내리는 권한의 일부를 포기하고 모든 교회 모임에 참석하는 것을 포기하겠다는 결정을 내리는 것을 의미했다. 이것은 어떤 일을 진행할 때 남들을 신뢰하고 그로 인해 발생할 수 있는 실수를 받아들이겠다는 결심이었다. 그것은 내 마음대로 하려는 생각을 버리고 나의 가치가 다른 사람의 견해와 행동에 의해 결정되지 않는다는 것을 깨닫는 특별한 선택이었다. 내게 있어서 이것은 남들이 나를 어떤 부모로 볼까를 염려하기보다는 부모로서 여유를 가지고 아이들의 복지에 기초해서 결정을 내리는 것을 의미했다. 비판하는 사람은 언제나 있기 마련이지만 그런 비판이 내가 누구인지, 내가 어떻게 반응해야 하는지, 내가 어떻게 해야 하는지, 혹은 지도자로서 내가 스스로를 어떻게 느끼는지를 규정하지는 않는다.

이것이 불안정으로 인해 겪은 나의 실제 경험이다. 내적인 불안정으로 인해 나는 한편으로는 사람들을 통제하려 하고 다른 한편으로는 남들에게 맞춰주기 위해서 과도한 행동을 하게 되었다.

그렇다면 당신은 어떤가? 당신도 하나님과 자신 앞에서 솔직해지기를 원하는가? 현재 하고 있는 일들 중에 잘못된 안정감의 근원을 드러내 주는 것이 있는가? 당신은 변화하기를 원하는가? 그렇다면 어떻게 변화할 수 있는가?

변화가 오래 걸린다고 해서 좌절할 필요는 없다. 나 역시 지금까지도 기도한다. 예수 안에서 나의 안전을 확인해 주는 말씀을 묵상하며 예수님께만 복종하여 결정을 내릴 수 있는 능력을 달라고 기도한다. 때로는 옛날 습관에 항복하고 싶은 유혹이 닥쳐온다. 그러나 좋은 소식은 안정에 관한 새로운 진리 안에서 사는 삶이 습관이 됨에 따라서 그러한 유혹들은 점점 힘을 잃는다는 것이다.

하나님은 우리가 그분 안에서 안전하기를 원하시고 또한 그러한 강력한 확신 가운데서 지도력을 발휘하기를 원하신다. 불안정의 속박과 결코 만족을 줄 수 없는 것에서 사악하고 그릇된 안정감을 찾는 일을 그만두자. 예수 그리스도 안에서 안정감을 지닌 지도자가 되자.

4장

예수님의 순결함 닮기

성공하는 리더의
9가지 성품

기독교 지도자에게 있어 윤리적인 실패보다 교인들과 가족들에게 더 큰 타격을 주는 것은 없다. 기독교 지도자들은 하나님을 대표하는 사람들이다. 그러므로 그 사람들은 우리가 개인적인 관계에서 존경받을 만한 사람들이 될 것을 기대한다. 기독교 지도자들은 도덕적으로 순수하고 그 순수성의 기준을 대표하는 사람들로 신뢰를 받고 있다-혹은 받았었다. 우리는 지역 사회나 최소한 우리의 교회 내 사역의 범위 안에서 영향력 있는 위치에 있다. 그리고 흔히 가장 상처받기 쉬운 사람들과 같이 일한다. 영적인 권세가 있는 위치에 처한 지도자가 그러한 상처받기 쉬운 점들을 이용할 때 치명적인 결과를 가져온다.

인격적 순결함은 도덕적 순결과 성적 순결 그 이상의 것이다. 하지만 도덕적과 성적 순결함의 문제는 기독교 지도자들에게 너무나 중요하기 때문에 특별히 이를 다루지 않을 수 없다. 도덕적인 순결을 확립하고 평생 지켜나가는 것은 인생의 성공과 지도자로서 긍정적인 유산을 남기는 일에 있어 가장 핵심적이다.

도전을 받다!

| 윤리적인 문제에 대한 지혜는 윤리적 실패의 과정에 대한 이해를 필요로 한다.

"또 한 명의 텔레비전 기독교 방송 사역자가 자신의 부도덕한 행동을 고백했다니 정말 믿을 수가 없어!" 나는 동년배의 친구와 또 한 명의 타락한 목사를 동정하며 탄식을 했다. "그 사람은 정말 쓰레기 같은 인간이야. 나라면 절대로 그러지 않을 거야. 그런 일은 나한테는 절대로 일어날 수 없어."

내 친구는 이 말을 듣자 내 책상에 기대더니 나를 향해 조용하지만 단호한 목소리로 말했다. "제프, 방금 네가 한 말은 지금까지 내가 들은 말 중에 가장 위험한 말이야. 너한테는 절대로 그런 일이 일어나지 않을 거라고 생각한다면 너는 네가 생각하는 것보다 훨씬 더 위험한 상태야. 네가 아주 조심하지 않는다면 그런 일이 있을 수 있을 뿐 아니라 반드시 일어날 거야."

친구의 단호한 어조에 나는 놀라서 피가 싸늘해지는 것을 느꼈다. 그 친구는 나의 교만을 보고, 거기에 못을 박은 것이다. 나의 이런 인격적 결함은 자신을 파괴할 치명적인 결함이 될 수 있는 것이었다. 그날 밤 나는 스스로 인정하는 것보다 훨씬 더 도덕적인 잘못을 저지를 가능성이 많다는 사실을 깨닫게 되었다. 나는 부도덕한 유혹에 대해 현명하게 대처해야겠다는 결심을 하게 되었고 나의 도덕적 순결을 강화하기 위해서 특별한 작전을 세웠다.

　이 책은 인격 성장에 관한 책이지 어떤 특정한 죄에 대해 분석하는 책이 아니다. 하지만 도덕적 순결함을 강화하기 위해서는 비도덕적인 유혹이 어떻게 우리를 끌어들이고 정복하는지를 알아야 한다. 윤리적인 문제에 대한 지혜는 윤리적 실패의 과정에 대한 이해를 필요로 한다. 그런 과정에 대해 아는 것은 평생 지킬 수 있고 지도자로서의 유산을 남길 수 있는 윤리적인 능력과 가치를 강화하는 데 필수적이다.

　윤리적인 실패보다 더 지도자로서의 성공에 치명적인 것은 없다. 그러므로 그것이 어떻게 일어나며 그 대가는 무엇이고 어떻게 방지할 수 있는지 지혜를 발휘하기 바란다.

부도덕한 현상

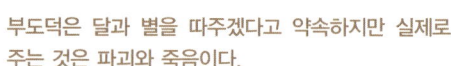

> 부도덕은 달과 별을 따주겠다고 약속하지만 실제로 주는 것은 파괴와 죽음이다.

　잠언은 중요한 개념을 설명하기 위해서 의인화라는 문학적 기법을 사용한다. 지혜와 같은 긍정적인 개념도 한 여인으로 의인화되어 그녀의 말과 행동으로 그 특성이 표현되어 있다. 마찬가지로 부도덕도 여인으로 의인화되어 있다. 그 중 두 가지 예가 잠언 9장 13~18절과 5장 1~14절이다. "미련"이라는 이름의 여인의 행동을 통해서 의인화된 부도덕을 분석함으로써 부도덕한 유혹을 분별하고 대처하는 데 도움을 얻을 수 있다.

| 부도덕의 유혹은 도처에 널려 있다

미련한 여인이 "자기 집 문에 앉으며 성읍 높은 곳에 있는 자리에 앉아서" 자기 길을 바로 가는 행인들을 부른다. 부도덕한 유혹은 교회 지도자들을 찾아내서 공공연히 공격한다. 조금만 의식이 있는 사람이라면 우리 문화가 얼마나 이런 점에서 뻔뻔스러운지 잘 알고 있다. 부도덕은 공적인 규범의 구속을 받지 않고 있다. 부도덕적인 행동에 대한 유혹은 텔레비전이나 영화, 책, 인터넷 등을 통해서 끊임없이 우리 앞에 나타난다.

최근 우리 막내아들이 프로 운동 경기장에서 프로그램 안내지를 샀다. 그것을 열었더니 느닷없이 보기 민망한 여자 댄서의 사진이 나타났다. 댄스클럽의 광고를 이 3천 원짜리 프로그램 안내지에 담아서 팔았던 것이다. 부도덕은 공적으로, 공개적으로, 어느 때보다도 뻔뻔스럽게 소리를 치며 우리를 부르고 있다. 이런 상황에서는 아이들도 도덕성이 둔감해지고, 나중에 유혹이 닥쳤을 때 더 쉽게 넘어갈 수 있다.

기독교 지도자들에게 있어서 컴퓨터는 가장 공적인 – 또한 동시에 사적인 – 부도덕한 유혹의 근원이 되고 있다. 많은 교회 단체들이 이러한 자료들을 걸러내는 방법을 개발하고 있지만 완전히 거르지는 못한다. 우리는 이메일을 사용하거나 인터넷을 사용할 때 이러한 자료들을 피하는 법을 배워야 한다.

한 젊은 목사가 인터넷 채팅에서 한 여인에게 상담을 해주게 되었다.

감독하고 견제해 주는 모임이 없는 상태에서 이런 행동을 하는 것은 재앙을 자초하는 것이다. 몇 주 동안 매일 "상담"을 해준 끝에 "주님께서" 대륙 반대편까지 날아가서 이 여인을 직접 만나라는 "인도하심"을 느끼게 되었다. 이틀이 지나자 이 치료는 예측 가능한 결과를 낳았다. 그는 아내에게 전화를 해서 새 삶을 시작하겠노라고 말했다.

학식 있고 교인들의 사랑을 받는 사모님과 두 아이를 버리고 전 남편과 사이에 낳은 자녀 두 명과 모텔에서 살고 있는 이혼녀와 결혼한 것이다. 거기다 그 여자의 남편까지 나타나서 결국은 그 남편까지 "상담"을 해주게 되었다. 정말 어처구니 없는 일이었다.

부도덕한 유혹은 공격적이다

미련이 "자기 길을 바로 가는 행인들을 불러 이르되"(잠 9:15). 얼마 전까지만 해도 부도덕한 행동을 하려면 어디에 가서 그것을 구할 수 있는지를 알아야 했다. 그런데 지금은 유사 이래 처음으로 부도덕이 당신을 찾아간다. 우리가 아무런 유혹을 받을 생각이나 걸려들려는 생각이 없이 "똑바로" 가고 있을 때에도 당신을 쫓아온다.

텔레비전이 얼마나 부도덕한 내용을 거의 모든 프로그램에 복병처럼 집어넣고 있는지 정말 기가 막힐 정도다. 가족끼리 앉아서 어떤 프로그램을 보다가 갑자기 부도덕한 내용이 나오는 일이 여러 번 있었다. 게다가 이 부도덕한 내용이 긍정적으로 묘사된다. 최근 우리는 결혼한 어떤 부부에 관한 시트콤을 보고 있었다. 이 부부는 자신들이 처음 만났을 때를 떠올리며 결혼하기 전에 가졌던 부정한 관계에 대해서 이야기했다.

물론 웃음소리가 따랐다. "부정"이라는 단어는 전혀 언급되지 않았고 오히려 결혼하기 전의 관계가 자기들의 결혼을 더욱 튼튼하게 묶어 주었다는 식이었다. 이것은 진실과는 거리가 멀다. 혼전 관계는 절대로 결혼 관계에 도움이 되지 않는다. 실제 생활에서는 결단코 그렇지 않다.

다행히도 이 프로그램은 진짜 상황이 아니라 극이었다. 그렇지 않았더라면 더 그럴싸하게 들렸을 것이다. 그러나 이 거짓말은 우리 아이들에게는 재미있는 이야깃거리로 마치 사실인 것처럼 전달되었다. 바로 우리 눈앞에서 혼전 관계가 좋다는 메시지가 그들에게 흘러들어간 것이다.

영화 《타이타닉》 역시 마찬가지 역할을 했다. 아내와 나는 그 줄거리와 음악에 끌려서 이 영화를 보러 갔다. 좋으면 나중에 아이들에게도 보여줄 생각이었다. 십삼 세 이상 관람이 가능한 영화였다. 그날 밤 나는 화가 머리꼭대기까지 치밀었다. 비극적인 사랑이라는 가면 아래 부도덕한 관계의 유혹이 공격적으로 펼쳐졌다. 수백 만의 미국 십대 여자아이들이 이 영화를 봤고 그 교훈을 들었다.

우리가 외설물을 일부러 찾지 않더라도 컴퓨터를 통해서 접하게 될 가능성이 얼마든지 있다. 그것들이 단지 수동적으로 기다리고만 있지 않기 때문이다. 대부분의 경우에는 걸러지지만 때로는 우연찮게 흘러들어오는 경우가 있다.

그런 메일을 조심해야 한다. 한 목사가 그런 메일을 연 그 순간 비서가 방으로 들어왔다. 목사는 설명을 하는 대신 그냥 이 일을 덮어 달라고 했고 비서는 그러겠다고 했다. 물론 그 약속은 지켜지지 않았다. 몇 주일 사이에 이 문제는 교회의 주요 안건이 되었고, 결국 이 일은 목사직 사임으로 막을 내렸다.

정말이지 우리는 공격당하고 있다. 부도덕한 행위를 하라는 유혹이 우리를 공격하고 있다.

| 부도덕한 유혹은 과장된 약속을 하고 부도를 낸다

좋은 영업사원은 실제 물건보다 선전을 과대하게 하는 실수를 하지 않는다. 오히려 그 반대이다. 미련한 영업사원은 계속해서 과대 선전을 한다. 마찬가지로 부도덕은 실제와는 반대의 결과를 가져올 것이라고 약속하며 쾌락과 만족과 성취를 약속한다. 그러나 부도덕은 그런 것들을 줄 수 없다. 그러나 슬프게도 기독교 지도자들이 여기에 속아 넘어가는 경우가 많이 있다.

내 친구는 아내를 버리고 다른 여자에게 갔다. 그는 내게 이렇게 말했다. "그녀와 함께 있으면 내가 진짜 살아 있다는 느낌이 들어. 그녀처럼 나를 이해해 준 사람은 아무도 없었어. 그렇게 누군가와 통한 적이 한 번도 없었어." 그러나 이혼하고 자녀들과의 관계에 상처를 내고 사업에 실패하고 직장을 찾지 못한 채 2년을 보내고 나자 그는 완전히 다른 소리를 했다.

"내가 왜 그랬는지 정말 알 수가 없어." 그는 부도덕의 노랫소리에 넘어간 것이다. 그는 정말로 새로운 관계를 통해서 이전에는 경험해 보지 못한 새로운 삶을 살 수 있다고 믿었다. 사실 그랬다. 단지 그 새로운 삶이 실직과 사회보장금을 받아 사는 생활이었을 뿐이다.

부도덕은 허황된 약속을 한다. 모든 부도덕한 관계의 시작에는 심취와 폭발적인 발산이 있다. 지성이나 감성이 예민해진 것 같고 새로운 것들을 깨닫고 새로운 인생이 열리는 듯하게 느껴진다. 그러나 그것은 그릇된 깨달음이고 그릇된 희망이다. 미련함에 덧씌운 모조품일 뿐이다. 부도덕은 달과 별을 따주겠다고 약속하지만 실제로 주는 것은 파괴와 죽음이다.

부도덕이 가져오는 결과

> 부도덕은 우리의 가족과 교회, 생업과 친구 그리고 당신 자신마저 잃어버리게 한다.

부도덕의 결과는 잠언 5장 1~14절에 나와 있다. 부도덕은 삶을 뿌리째 뽑아 파괴시킨다. 성경 말씀을 들어보자.

| 당신을 고통스럽고 상처받고 외롭게 만든다

부도덕의 결과는 "쑥같이 쓰고 두 날 가진 칼같이 날카로우며"(잠 5:4). 부도덕한 관계는 격정으로 시작하지만 달콤한 사탕처럼 오래가지는 않는다. 아내를 버리고 다른 여자에게 갔던 그 목사는 이 교훈을 알게 되었다. 새 여자가 자기를 버리고 다른 남자에게 갔을 때 그의 마음은 쓸쓸하고 외로웠다. 그는 최저임금을 주는 일거리를 찾아 헤매며 빈민가의 허술한 여관에서 살아야 했다.

수년 뒤 그는 나에게 자기 이야기를 하면서 얼마나 외로웠는지를 떠올렸다. 그는 하나님과 가족, 교회 그리고 어떤 의미에서는 자기 자신과도 분리되었다고 느꼈다. 익숙해 있던 자기 모습, 자신이 원하던 자기와 너무 거리가 먼 자신의 모습을 발견한 것이다. 밤에 혼자 깨어 자기가 지금 죽는다고 해도 상관할 사람이 있을까? 하는 생각을 하곤 했다. 간음을 저지르고 새 여자와 같이 살기 시작한 사업가 친구는 자신의 가장 큰 손실은 아이들의 존경과 그들과의 관계를 잃어버린 것이었다고 말했다. 그들은 아버지를 만나주지 않았다! 부도덕은 감정적인 친밀함을 약속해 놓고 당신을 쓰디쓴 외로움에 내동댕이친다. 우리의 가족과 교회, 생업과 친구 그리고 당신 자신마저 잃어버리게 한다. 외롭고 고독한 가운데 심지어는 자살을 시도하는 사람도 있다.

▎우리의 힘을 빼앗고 병들게 한다

우리가 부도덕할 때 우리는 "존영이 남에게 잃어버리게 되며 네 수한이 잔인한 자에게 빼앗기게"(잠 5:9) 되고, 우리의 몸과 육체가 쇠약해진다(잠 5:11). 유부남을 좋아하여 그가 아내를 버리고 자기와 결혼해 주기를 이십 년 동안 기다리면서 살아온 여자가 있었다. 어느 날 이 오래된 불륜이 드러나게 되자 그 남자는 자기 아내를 선택하고 자기 가정을 회복하기로 결심했다. 이 여자에게는 재앙이었다. 그녀는 자기 인생의 황금기를 부도덕한 관계에 바치면서 그것이 자기에게 행복을 가져다 줄 것이라고 믿었다.

또 한 남자는 부도덕한 관계를 고백하며 짐을 벗은 것 같다고 말했다. 두 여인과의 관계를 유지하는 것이 얼마나 경제적으로 큰 부담인지를 털어놓으며 몇 년 동안 그런 관계를 유지한 것이 얼마나 미련한 일이었는지 털어놓았다. 당시 그는 스트레스와 과로로 인해서 심각한 건강의 위기를 맞았다. 부도덕한 생활 방식을 유지하기 위해서 문자 그대로 건강을 희생했던 것이다.

그러나 가장 비극적인 결과는 이런 관계를 통해서 전염되는 병, 바로 에이즈에 걸리는 것이다. 자기 배우자에게 불성실하여 병에 걸리고 다시 그것을 그 배우자에게 - 혹은 아직 태어나지도 않은 아이에게 - 옮겨주는 것보다 더 끔찍한 일이 있을까? 아마도 이런 것이 육체적으로 일어날 수 있는 최악의 결과일 것이다. 그러나 우리 사회에서는 이런 일도 없지 않다. 부도덕은 문자 그대로 당신을 안팎으로, 모든 면에서 철저히 파괴한다.

| 우리의 돈을 가져가고 생활 방식을 파괴한다

부도덕한 생활은 돈이 많이 든다. 성경은 이렇게 경고한다. "두렵건대 타인이 네 재물로 충족하게 되며 네 수고한 것이 외인의 집에 있게 될까 하노라"(잠 5:10). 그리고 시간도 많이 든다.

부도덕한 관계가 얼마나 돈이 많이 드는지 생각해 보기 바란다. 첫째, 새 여자의 생활비를 지불해야 한다. 어떤 목사는 부정한 관계를 완전히 비밀로 할 수 있다고 생각했다. 여행을 할 때마다 그 여자와 같은 호텔에 묵은 것이다. 이렇게 해서 오랫동안 비밀을 지킬 수 있었지만 그만큼 돈이 많이 들었다. 이렇게까지 하지 않더라도 기본적으로 돈이 많이 들게 되어 있다.

둘째, 비밀을 지키기 위해서 돈을 써야 한다. 한 젊은 목사는 외설물에 중독된 것을 숨기기 위해 별도의 컴퓨터를 사서 별도의 이메일 주소를 이용했다. 처음에는 한 달에 몇천 원으로 시작했지만 나중에는 수백만 원을 지불하게 되었다.

셋째, 부도덕한 행위가 다른 사람들에게 끼친 상처를 배상해야 한다. 이혼을 할 경우 이혼배상금을 내야 하고, 설사 가정이 깨지지 않더라도 배우자와 아이들의 심리 상담을 위한 비용을 지출해야 한다. 돈을 주지 않으면 비밀을 폭로하겠다는 협박 편지를 받고 그 사람들의 입을 막기 위해서 돈을 줘야 하는 경우도 있다. 직장을 잃고 대신 엄청나게 적은 임금을 주는 임시직을 구하게 될 가능성도 많다. 그리고 부도덕한 삶에서 오는 스트레스 때문에 건강을 해치거나 이런 관계에서 오는 병에 걸릴 수도 있다.

어쨌든 조금만 생각해 보면 부도덕한 행위가 얼마나 돈이 많이 드는지는 명백해진다.

도덕적인 순결함 유지하기

도덕적인 죄에서 회복되기 위해서는 정직한 고백과 변명하지 않고 온전히 책임지려는 자세, 상처를 치료하고 미래의 죄를 방지하는 과정이 필요하다.

이 정도면 부도덕이 얼마나 파괴적인 결과를 가져오는지 감을 잡을 수 있으리라고 믿는다. 어쩌면 당신 주변에도 이미 부도덕한 행위를 저지른 사람이 있을 것이다. 그리고 그 사람의 삶을 통해서 이미 앞에서 내가 말한 것들을 직접 보았을 것이다. 혹시 당신이 부도덕한 유혹에 넘어가고 있던 차에 이 글을 읽고 정신을 차리게 되었을지도 모르겠다.

그렇다면 우리 사회에 만연한 부도덕의 엄청난 유혹에 어떻게 맞설 수 있을까? 우리 자신을 도덕적으로 순결하게 지키기 위해서 취할 수 있는 긍정적이고 적극적인 일들은 어떤 것들이 있을까? 이미 도덕적인 실패를 향해 미끄러져 내려가는 중이라면 어떻게 다시 방향을 돌이킬 디딤판을 얻을 수 있을까? 여기에 도덕적 순결을 유지하는 데 도움이 되는 몇 가지 제안을 제시한다.

| 당신의 결혼생활에 노력을 쏟으라

결혼 안에서의 관계만이 최선의 관계이다. 성경의 아가서를 볼 때 이것이 성에 관한 하나님의 계획이심을 알 수 있다. 또 하나는 잠언 5장의 두 번째 부분이다. 결혼 안에서의 관계에 대해 성경은 이렇게 말한다. "너는 네 우물에서 물을 마시며 네 샘에서 흐르는 물을 마시라 … 네 샘으로 복되게 하라 네가 젊어서 취한 아내를 즐거워하라 그는 사랑스러운 암사슴 같고 아름다운 암노루 같으니 너는 그의 품을 항상 족하게 여기며 그의 사랑을 항상 연모하라"(잠 5:15, 18, 19).

분명히 하나님께서는 우리가 결혼관계 안에서 만족스러운 관계를 맺기를 원하신다. 많은 부부들이 결혼을 할 때 장기적으로 서로 만족스러운 관계를 이루기 위해서 얼마나 많은 노력이 필요한지 모르는 채 결혼을 한다.

결혼 안에서 평생 한 명의 배우자와 만족스러운 관계를 발전시키기 위해서는 많은 노력이 필요하다. 당신은 이 문제에서 어려움을 겪고 있을지도 모른다. "우리 아내-혹은 남편-가 이 문제에 관한한 얼마나 불가능한 사람인지 아느냐?"고 항변할지도 모른다. 그러나 선택 가능한 대안을 고려해 보라. 불가능해 보이는 상황을 개선하기 위해서 상담을 받고 책을 읽고 서로에게 바라는 것이 무엇이고 어떤 차이가 있는지를 아는 데는 시간과 노력과 돈이 든다. 그러나 또 다른 방안, 즉 부도덕한 관계나 부도덕한 장소와 물건들에 빠지게 되면 거기에는 엄청나게 더 많은 시간과 노력과 돈이 든다.

게다가 그 결과를 생각해 보자. 만약에 우리가 결혼관계 내에서 만족을 얻는 데 십 년을 들인다면 – 실제로 이렇게 오래 걸릴 수도 있다 – 우리는 정말로 참된 만족을 얻게 되고, 그 뒤에는 오랫동안 죄책감 없는 즐거움을 누릴 수 있다. 그러나 만약 달리 만족을 찾는다면 앞에서 말한 것과 같은 대가를 치러야 한다. 그러므로 이것은 쉬운 선택이다. 우리는 결혼관계 안에서 건강하고 서로에게 만족을 주는 관계를 발전시키는 데 노력을 기울여야 한다.

남자들이 자신의 결혼을 유지하기 위해 얼마나 투자하기를 꺼려하는지를 살펴보면 정말 놀라울 정도다. 한번은 취미가 사냥이어서 값비싼 수렵기념물과 총기가 즐비한 방을 가지고 있는 한 남자를 만났는데 결혼 수양회를 위해서 22만 원을 쓰는 것은 너무 낭비라는 것이었다. 믿을 수가 없었다. 그는 그보다 몇 배 더 비싼 총들과 사냥한 짐승의 머리들을 즐비하게 걸어놓고 있었다. 그러면서 자기의 결혼관계를 개선하기 위해서 돈을 쓰는 것은 낭비라고 생각하는 것이다. 결혼에 투자해야 한다.

만약 당신이 미혼이라면 순결을 지켜야 한다. 이는 쉽지는 않지만 불가능한 일은 아니다. 기혼이든, 미혼이든 도덕적인 순결을 지키는데 도움이 되는 몇 가지 제안을 소개한다.

| 부도덕한 영향을 주는 것을 적극적으로 피한다

부도덕하게 살라는 유혹은 우리에게 공격적으로 다가오고 있다. 우리는 자신과 가족을 우리 문화의 무제한적인 노출로부터 보호하기 위해서 특별한 조치들을 취해야 한다. 범람하는 이 문화를 완전히 피하는 것은 불가능하지만 당신을 흔들어 놓는 부도덕한 것들에 노출되는 것을 최소화할 수 있다.

첫째, 텔레비전 보는 시간을 제한해야 한다. 우리는 결혼한 첫 해 동안에는 텔레비전 없이 살기로 했다. 이것은 결혼 초기부터 텔레비전과 관련된 문제를 다루는데 큰 도움이 되었다. 지금은 텔레비전이 여러 대 있지만 보는 프로그램을 제한하고 통제한다. 우리의 가치관과 조금이라도 반대되거나 부도덕한 생활을 장려하는 프로그램은 전혀 보지 않는다. 그리고 조금 미묘하게 섞여 있는 것들에 대해서는 아이들에게 분석을 하게 한다. 부도덕한 내용이 있는 케이블 프로그램은 처음부터 차단한다.

둘째, 영화나 DVD를 볼 때도 아주 조심해야 한다. 우리는 결혼 초기에 미성년자 입장 불가인 영화는 보지 않기로 결정을 했다 - 그 중에 유일하게 본 것은 《패션 오브 크라이스트》뿐이다. 이것은 우리에게 아주 대단한 긍정적인 영향을 미쳤다. 이런 결정 때문에 좋은 영화 몇 개를 놓쳤을 수도 있다. 그렇지만 이를 통해서 우리는 부도덕한 행동을 부추기는 나쁜 장면들을 보지 않을 수 있었다.

셋째, 성매매와 관련된 장소를 피해야 한다. 하나님은 성매매와 관련된 사람들에게 사역을 할 특별한 사람들과 선교사들을 선택하셔서 일하신다. 그들은 이런 곳에서도 자신의 순결을 지킬 수 있도록 하는 엄격한 상호책임의 체계를 가지고 있다. 이런 사람들로 인해서 하나님께 감사드린다! 그러나 그 외 교회 지도자들은 술집이나 잡지 가게, 어떤 형태로든 무조건 성매매 장소를 피해야 한다.

넷째, 인터넷 사용을 통제해야 한다. 컴퓨터에 특별한 차단 프로그램을 설치하고 다른 사람들에게 비밀번호를 알려주고 체크하게 한다. 당신이 열어본 웹사이트를 상호책임의 관계에 있는 사람에게 자동적으로 알려주는 프로그램을 설치한다. 필요하다면 집에서는 인터넷을 사용하지 말고 사무실에 있는 공용 컴퓨터만 사용한다.

마지막으로 특별히 주의해야 하는 것은 여행을 다닐 때다. 텔레비전을 보고 싶은 마음을 통제하기 어렵다면 호텔에 도착하자마자 텔레비전을 치워달라고 부탁하는 것이 좋다. 그것이 불가능하다면 그 방의 전원이나 유선 방송 연결을 끊어달라고 부탁하라. 그리고 가능하면 혼자서 여행하지 말고 여행할 때 자유시간을 어떻게 보낼지 사전에 계획을 세워서 합당하지 않은 행동에 이끌리지 않도록 해야 한다.

이런 것들이 너무 율법주의적으로 들릴지도 모른다. 물론 이것들은 스스로 세운 임의적인 규칙들이다. 그러나 율법주의란 자기 자신에게 세운 기준을 다른 사람에게 강요하는 것이다. 이러한 규범을 자기 자신에게 적용하는 것은 율법주의가 아니라 자기 관리다. 이러한 규범들은 율법주의적인 규칙들이 아니라 당신을 위험으로부터 보호해 주는 스스로 부과한 지혜로운 제한선이다. 내 친한 친구 한 명은 "다른 사람들은 해도 될지 모르지만 나는 안 된다"라는 문구를 책상에 붙여 놓았다. 지도자들은 자신에게 남들보다 더 높은 기준을 적용해야 한다. 그들의 행동은 남들보다 더 큰 영향을 끼치기 때문이다.

상호책임의 관계를 개발한다

순결을 지키는 또 한 가지 방법은 당신보다 당신을 더 잘 알고 우리가 잘못을 범할 때 지적해줄 수 있는 사람들과 상호책임의 관계를 개발하는 것이다. 많은 사람들이 상호책임의 관계란 서로를 비판하려고 만나는 형식적이고 메마른 모임이라고 생각한다. 형식적인 모임도 도움이 되지만 다른 형태의 관계도 도덕적 순결을 위한 동기를 자극하는데 도움이 된다.

도덕적인 순결을 지켜야겠다는 결심을 굳게 해주는 첫 번째 관계는 아내와 자식들이다. 아이들을 실망시켜서는 안 된다는 생각이 내가 윤리적으로 올바른 삶을 살고자 하는 첫 번째 동기다. 아내와 아이들과 정직한 관계를 유지하고자 하는 바람이 나로 하여금 도덕적인 삶을 살도록 지켜주었다.

예를 들어서 나는 아내에게 내가 어디 있는지를 항상 알린다. 따라서 아내는 내가 어디서 누구와 무엇을 하고 있는지 항상 알고 있다. 이것은 어려운 일이 아니다. 대부분의 날들은 다 정해진 일정대로 살기 때문이다. 아내는 나의 일정을 알고 있다. 그러나 특별히 어딘가를 가게 되어 누군가와 - 특히 여자와 - 시간을 보내게 되거나 나의 순결에 영향을 미칠 수 있는 일이 있으면 나는 즉시 아내에게 알린다! 그래서 나의 아내는 내가 어디서 누구와 무엇을 하는지 의심할 일이 전혀 없다. 이렇게 나의 행방을 알고 상호책임의 관계를 가지는 것이 나의 도덕적인 순결을 지키는데 큰 도움이 된다.

우리는 또한 아이들에게도 투명성을 지키기 위해 중요한 결정을 하였다. 아이들이 태어나기 전에 나와 아내는 아이들과 함께 할 수 없는 오락은 절대로 하지 않기로 결정했다. 물론 아이들 없이 우리끼리만 있는 시간이 없다는 뜻은 아니다. 단지 우리 아이들이 나중에 알게 되기를 원하지 않는 장소에 가거나 아이들이 알기를 원하지 않는 것은 보거나 읽지 않기로 한 것이다. 또한 나중에 아이들이 커서 하지 말았으면 하는 행동은 우리도 하지 않기로 했다. 이 결정은 문제가 될 만한 많은 행동으로부터 나를 지켜주었고 도덕적인 순결을 지키는 데 도움이 되었다.

가까운 동성 친구들과 투명한 관계를 유지하는 것도 순결을 지키는 데 도움이 된다. 개인적인 친구들이거나 공식적인 모임이거나 상관없다. 상호책임의 관계를 꼭 동성 친구하고만 맺어야 하는지 의문을 갖는 사람들도 있다. 물론 이성과도 순수하고 직업적인 관계를 가질 수 있지만 상호책임의 관계는 오직 동성의 친구들하고만 맺어야 한다. 진정한 상호책임의 관계는 이성과의 관계에서는 가능하거나 적합하지 않은 수준의 솔직함이 필요하기 때문이다.

이것은 성차별적인 견해가 아니라 실제적인 관찰을 통해서 나온 의견이다. 하나님은 남녀를 평등하게 여기시고 모두가 의미 있는 상호책임의 관계를 갖기를 원하시지만 자신의 배우자를 제외하고는 이성과 상호책임의 관계를 함께 한다는 것이 적합하지 않다.

| 당신 자신을 보호할 수 있는 간단한 방법들

성적인 유혹과 부도덕하다는 근거 없는 비난으로부터 자신을 보호할 수 있는 간단한 방법 다섯 가지를 소개한다.

1. 사무실에 혼자 있을 때는 가리개를 친다. 그리고 남자든 여자든 다른 사람과 함께 있을 때는 가리개를 벗긴다. 이렇게 함으로써 그 사람의 사생활은 보호하고 우리의 행동은 공개할 수 있다.

2. 이성인 교인을 상담할 때는 주의한다. 일부 목사들은 혼자서 여성을 만나거나 상담을 하지 않는다. 이것도 가능한 방법이지만 모든 목사들이 다 그렇게 할 수는 없다. 만약 남자 지도자로서 여성을 상담해야 한다면 기본적인 규칙을 세워야 한다. 예를 들어 사무실 바깥에 다른 사람-예를 들면 비서나 교회 스태프-이 있을 때만 사무실에서 여성과 만나는 것이다. 또 아내가 알고 승낙하는 경우에만 만나는 것도 한 방법이다. 또 한 사람의 여성과는 제한된 일정한 횟수만 만나고 그 이상의 상담이 필요할 때는 다른 사람에게 넘겨야 한다.

3. 이성을 초대하거나 사업상이나 직업상의 일로 단 둘이 만나는 것을 피한다. 예를 들어 나는 때로 일 때문에 여성에게 식사를 대접할 일이 있다. 그럴 때는 아내나 비서를 데리고 가든가 아니면 아예 가지 않

는다. 그러나 예기치 않게 여성과 둘이서 차를 타야 하거나 혹은 데려다 줘야 하는 경우가 생기면 아내나 비서에게 전화를 해서 사정을 자세히 말해 주고 목적지에 도착하면 그들에게 전화를 한다.

4. 자기 컴퓨터를 누구든지 열어볼 수 있게 하고 그것을 공개된 상태에서 사용한다. 내 사무실은 문을 열면 내 컴퓨터의 화면이 보이도록 배치되어 있다. 지나가는 사람이나 문을 열고 들여다보는 사람들은 누구든지 내가 무엇을 하고 있는지 볼 수 있다. 주요 스태프들은 내 컴퓨터의 비밀번호를 알고 있어서 열어볼 수 있다. 비밀은 없다! 내가 인터넷에서 무엇을 보는지는 언제든지 알아낼 수 있다. 다시 한 번 말하지만 비밀은 없다!

5. 이성과의 신체 접촉을 피한다. 우리 가족은 천성적으로 끌어안기를 좋아한다. 나는 날 때부터 사교적이었다. 나는 사람들을 쓰다듬고 끌어안고 툭툭 치기를 좋아한다. 하지만 이성 동료와의 신체적인 접촉은 예외다. 남들에게 오해받거나 잘못 해석되거나 그릇된 메시지를 전달할 위험이 있기 때문이다. 사교적인 사람들 중에는 좀 심하다고 생각하는 사람들도 있겠지만 그러나 반드시 필요한 규칙이다.

| 이미 너무 늦었을 때는 어떻게 해야 하나?

이미 부도덕한 삶을 살고 있는 중이라면 어떻게 해야 할까? 이미 혼외 관계나 외설물이나 그 외의 부도덕한 행동을 범하고 있는 중이라면 어떻게 해야 할 것인가? 당신은 거기서 벗어나고 싶다! 그렇다면 어떻게 해야 할까?

무엇보다 먼저 정직해야 한다. 믿을 만한 사람, 지혜로운 지도자, 고백과 회복의 과정을 도와줄 수 있는 사람을 만나 모든 것을 다 털어놓으라.

그리고 고백한 죄에 대한 결과를 감당해야 한다. 아마도 교회 지도자의 역할을 잃게 될 것이다. 직업과 생계수단을 잃을 수도 있다. 당신 가족과 당신의 죄에 포함된 사람들이 상처를 받을 것이다. 그러나 피할 수 없는 것을 뒤로 미루는 것은 상황을 더욱 고통스럽게 만들고 파괴적인 결과를 가져올 뿐이다.

자기를 정당화하고자 하는 유혹을 버리라. 당신이 지금 하는 행동은 당신의 잘못이다. 다른 핑계를 대지 마라. 사람들이 자신의 부도덕한 행위를 정당화하기 위해서 얼마나 많은 핑계들을 대는지 들어보면 기가 막힌다. 그러나 그런 일이 일어난 것은 자신의 잘못이다. 더 이상의 변명은 필요 없다. 아내, 어머니, 교회, 자녀들, 세상, 마귀를 원망하지 마라! 자기 스스로 부도덕한 행동을 선택한 것이다. 이제는 책임 전가를 그만두겠다고 결단해야 한다!

피해를 복구하기 위해서 최선을 다하라. 이것은 시간이 걸린다. 이런 종류의 죄를 고백하고 나서, 용서받고 금세 새 출발을 할 수 있다고 생각하는 것은 비현실적이다. 그것은 단지 현실 부정일 뿐이다. 도덕적인 실패로부터 회복하려면 시간이 걸린다. 상처받은 사람들, 상처받은 관계들 그리고 상처받은 교회는 회복되기 위해서 시간이 필요하다.

그러나 용기를 내자. 회복은 가능하다! 교회 지도자들은 용서받을 수 있고 가족은 치유될 수 있다. 행위의 정도에 따라서 때로는 다시 지도자의 자리를 회복할 수도 있다. 그러나 회복은 몇 주나 몇 달이 아니라 몇 년이 걸린다. 회복된 지도자들은 이러한 네 단계의 회복 과정을 수년에 걸쳐서 밟는다. 지름길은 없다. 서두른다고 되지 않는다.

도덕적인 죄에서 회복되기 위해서는 정직한 고백과 변명하지 않고 온전히 책임지려는 자세, 상처를 치료하고 미래의 죄를 방지하는 과정이 필요하다. 지금 부도덕한 생활을 청산하고 목적 의식을 가지고, 의도적으로 새로운 방향을 향해서 돌아서야 한다. 기다리지 마라! 시간이 간다고 쉬워지지 않는다. 조만간 비밀이 드러날 것이다. 하루라도 빨리 자진해서 앞으로 나오는 것이 책임 있는 옳은 선택이다.

긍정적인 지도자로서 후진들에게 유산을 남기는 것은 확고한 기독교인의 성품에 기초한 일생에 걸친 성공적인 사역을 해야지만 가능하다. 윤리적인 문제에서 실패한다면 다른 어떤 인격적인 오점보다도 더 심각하게 우리가 평생 쌓아온 모든 것을 파괴할 것이다. 교인들은 우리가 도덕성과 관련된 신뢰를 잃게 될 때 결국은 우리가 가르친 모든 것, 우리가 행한 모든 것을 의심하게 된다. 도덕적 실패는 지극히 부정적인 유산을 남긴다.

우리는 이런 일들이 일어나지 않도록 최선을 다해야 한다. 우리의 생활 속에서 도덕적인 순결함을 강화할 수 있는 모든 조치를 취해야 한다. 수십 년을 들여 성공적으로 이끌어 온 것을 불법적인 쾌락을 위해서 망쳐버리는 비극적인 실수를 피해야 한다. 도덕적인 순결을 선택하고 우리의 결단을 보호할 수 있는 모든 방법을 다 사용하여 평생 지켜 나가도록 하자.

5장

하나님의 시선으로
겸손해 지기

성공하는 리더의
9가지 성품

겸손을 배우는 문제에 관한 지침을 쓴다는 것은 일견 모순되어 보인다. "여보세요. 제 말을 좀 들어보세요. 저는 겸손한 사람이니 당신이 어떻게 하면 겸손해지는지 가르쳐 드리죠"라는 말은 겸손한 말이라기보다는 교만한 말로 들린다. 그래서 이 장은 특히 쓰기가 힘들었다. 그러나 겸손은 성공적인 지도자의 가장 중요한 자질 중 하나이기 때문에 다루지 않을 수 없다.

겸손은 나의 장점이 아니다. 나는 아직 겸손을 배우는 과정에 있다. 그런데 그 어려움 중의 하나는 보고 배울 사람이 적다는 것이다. 진정으로 겸손한 지도자는 아주 드문 것 같다. 그러나 다행히도 몇 명의 겸손한 분들을 만날 수 있었다. 이 장에서 이야기하는 것 대부분은 그 분들로부터 배워서 따라하고자 노력한 것들이다.

겸손이란 무엇인가?

> 겸손은 이 두 극단 사이에서 성공적으로 자신의 행동을 통제함으로 생겨난다.

| 겸손이 아닌 것

어떤 기독교인들은 겸손이 자기를 폄하하는 것, 자기가 얼마나 부적합한지를 이야기하는 것이라고 생각한다. 한 형제가 있었는데 매주 일요일 저녁 간증 모임에 마이크 앞에 나와서 자기가 얼마나 나약하며 또 다시 하나님의 뜻을 저버렸는가를 고백했다. 그것을 통해서 "겸손히" 영적인 교훈을 배우고 있다는 것이었다. 사실 그는 사람들의 주의를 끄는 것을 즐기고 있었을 뿐이다. 그의 고백은 겸손의 표시가 아니라 사람들의 주목을 받고 겸손하다고 칭찬받고자 하는 욕망의 표현이었다.

또 어떤 자매는 자신의 문제에 대해서 계속해서 상담을 요청했다. 자주 내 사무실에 전화를 하거나 방문을 해서 자기의 실패에 대해서 늘어놓았다. 스스로 자기를 비웃고 자기의 외모와 성격, 지적 능력을 웃음거리로 삼았다. 왜 그러는 것일까? "나 좀 보세요!"라고 외치는 것이다. 그녀의 겸손은 사실은 변형된 자기 선전이다. 겸손한 행동을 하는 것처럼 보이지만 사실은 자신의 깊은 감정적인 불안과 얼마나 관심받기를 원하는지를 드러낼 뿐이다. 어떤 교단의 위원장으로 선출된 한 목사님은 모임을 시작하거나 안건을 제시할 때마다 얼마나 자신이 그 자리에 있을 자격이 없는 사람인가? 하는 말로 시작했다. 처음 한 번은 적합한 말일 수 있지만 매번 같은 말을 듣는 것은 괴로운 일이다. 꼭 필요한 말만 하는 것이 아니라, 무대에 서 있는 시간을 늘여 자기의 위치를 최대한 과시하려는 것 같은 인상을 주었다.

이런 모든 사례는 겸손을 자기비하로 오해한 데서 나온 것이다. 우리는 공적인 자리에서나 사적인 자리에서 우리 자신을 폄하함으로써 더 겸손해질 수 있다고 생각하는 경향이 있다. 성경적으로 "자신을 낮출" 필요가 있지만 – 이에 대해서는 뒤에서 더 다룰 것이다 – 이런 식으로는 성경에서 말하는 목적을 이룰 수 없다. 그렇게 해서는 겸손해지지 않는다.

| 겸손에 대한 보다 정확한 이해

그렇다면 겸손이란 무엇일까? 겸손은 올바른 자기 평가, 즉 하나님이 당신을 보는 것처럼 스스로를 보는 것이다. 겸손은 우리가 누구이며 우리가 맡은 일이 무엇인지에 대해서 하나님의 관점을 갖는 것이다. 이것은 하나님이 당신을 바라보시는 대로 당신 자신을 생각하는 영적인 훈련을 통해서 형성되는 태도다. 겸손한 지도자들은 하나님이 주신 정체성과 사명을 받아들인다. 간단히 말해서 그들은 하나님께서 그들 자신이 누구라고 말씀하시는 것을 편안히 받아들인다.

침(세)례요한이 그 좋은 예이다. "너는 너에 대해 누구라 하느냐?"(요 1:22)라는 질문을 받았을 때 요한은 주저함 없이 대답했다. "나는 주의 길을 곧게 하라고 광야에서 외치는 소리로다"(요 1:23).

요한은 나중에 또 이렇게 말했다. "그는 내 뒤에 오시는 자니 나는 그의 신발끈을 풀기도 감당하지 못하겠노라"(요 1:27). 물론 이는 그가 예수님을 소개하기 위해서 자신에 대해서 설명한 말이다. 예수님의 크심에 비할 때 요한은 너무나 미미한 존재이지만 그럼에도 요한은 자신의 정체성을 정확히 알았고 그 사명을 감당했다. 예수님의 높으심을 인정하는 것이 하나님의 전체 계획에서 행한 요한의 역할을 무효화하지는 않았다.

겸손한 지도자들은 하나님이 자신을 어떻게 보시는가에 대해 균형 잡힌 시각을 갖고 있다. 그렇다. 우리는 죄인이다. 그러나 우리는 또한 성도다. 하나님의 능력을 떠나서는 아무런 선도 행할 수 없지만, 하나님께서는 우리에게 영적인 은사들을 주셨고, 우리가 그것들을 사용하기를 바라신다. 우리는 우리가 하는 모든 일을 오염시키는 죄성을 가지고 있지만, 또한 선한 일을 위해 새롭게 지음 받았고 그것이 다른 사람들에게 진정한 축복이 될 수 있다. 겸손은 이러한 긴장 사이에서 사는 법을 배우는 것이다. 겸손은 하나님께서 당신을 누구라고 하시는지를 받아들이고 매일의 삶에서 그대로 사는 것이다.

어떤 사람들은 "나는 왕의 자녀이므로 왕자나 공주처럼 살아야 한다"고 생각한다. 어떤 점에서 그것은 사실이다. 그러나 예수님의 생활 방식과는 모순되는 사치스럽고 물질주의적인 생활 방식을 합리화하기 위해 이런 말을 하는 경우가 많다. "나는 은혜로 구원받은 죄인에 불과하다." 이것도 물론 사실이지만 잘못을 고치지 않고 무책임한 삶을 지속하는 핑계가 되어서는 안 된다. 우리는 은혜로 구원받은 하나님의 자녀이며 죄인이다. 겸손은 이 두 극단 사이에서 성공적으로 자신의 행동을 통제함으로 생겨난다.

핵심적인 질문

신약의 지도자들 역시 이 문제를 놓고 씨름했다. 바울은 고린도전서 4장에서 몇몇 사도들을 비롯한 교회 지도자들의 태도를 지적한다. 그는 리더십과 관련하여 우리를 겸손하게 하는 질문을 던진다. "네게 있는 것 중에 받지 아니한 것이 무엇이냐?"(고전 4:7) 십대 후반부터 나는 고린도전서 4장 7절을 "평생의 구절"로 삼았다. 나는 끊임없이 이 질문을 했다. 이 질문은 내 마음을 꿰뚫고 내 영혼을 감찰했다. 나는 내게 물었다. "내가 받지 않은 것이 무엇이 있는가?" 답은 하나도 없다는 것이다.

예를 들어 내가 타고난 재능이나 능력은 다 하나님의 선물이다. 내가 읽고 쓸 수 있게 된 것은 초등학교 때 선생님들이 가르쳐 주셨기 때문이다. 내 아이들은 하나님과 아내가 준 선물이다. 내가 사역자로서의 위치를 갖게 된 것은 오래 전에 누군가가 신학교를 세울 비전을 가졌고 수백만의 기독교인들이 그 신학교를 세우기 위해서 시간과 노력과 돈을 투자했기 때문에 가능했다. 내 차는 내가 번 돈으로 산 것이지만 내가 그 돈을 벌 수 있었던 것은 누군가가 우리의 사역을 돕기 위해서 돈을 냈기 때문이다. 그 외에도 무수히 많다.

수년 동안 나는 이 질문에 대한 대답을 찾으려고 노력해 왔다. "네가 받지 않은 것이 어디 있느냐?" 모든 가능한 대답을 다 해봤으나 결국은 거슬러 올라가면 내가 전혀 통제할 수 없고, 내가 노력해서 얻은 것이 아닌, 한 근원에 도달하게 된다. 이를 통해서 나는 이런 결론을 내리지 않을 수 없었다. 내 삶은 하나님과 다른 사람들이 나를 위해서 해준 일들의 결과다. 이런 확신에 도달했을 때 마침내 겸손을 향한 여행의 출발점에 도달할 수 있었다.

내 인생은 하나님께서 나를 위해서 하신 것의 결과다. 하나님께서 나를 구원하셨고 내게 삶의 목적을 주셨고 사역으로 부르셨다. 하나님께서 내게 타고난 은사와 영적인 은사들을 주셨다. 하나님께서 내 환경을 구성하셔서 나의 성품을 형성하시고 예수님의 형상으로 만들어 가신다. 하나님께서 내게 사역자로서의 자리를 주셨고 초자연적인 결과들을 허락하셨고 다른 사람들에게 영향을 미칠 수 있도록 해주셨다. 하나님께서 나를 위해 이렇게 많은 것을 하셨다. 당신을 위해서도 마찬가지다!

"내가 받지 않은 것이 무엇이 있는가?"라는 질문을 통해서 우리의 삶은 하나님과 다른 사람들이 우리를 위해서 해준 것들의 결과임을 승인하게 되고 그럼으로써 겸손해진다. 이 질문은 우리로 하여금 자신의 장점을 긍정하고 단점을 인정하게 해준다.

우리는 우쭐하거나 거짓으로 겸손을 가장하지 않고 자신의 장점을 인정할 수 있다. 예를 들어 나는 설교를 잘한다. 나는 교만해서가 아니라 솔직하게 이렇게 말할 수 있다. 왜냐하면 설교는 내가 혼자 익힌 기술이 아니기 때문이다. 내가 설교를 잘하는 것은 하나님께서 내가 공중 앞에서 설교를 잘 할 수 있는 재능을 타고나게 하셨기 때문이고, 교수님들이 설교하는 방법을 가르쳐 주셨기 때문이고, 두 교회가 내게 십 년 이상이나 그들을 놓고 연습하면서 설교를 배워가도록 허락해 주었기 때문이다. 나는 이 장점을 인정하고 이것을 하나님의 선물이자 다른 사람들이 도와준 결과로 받아들인다. 이 사실을 부인하는 것은 하나님이 선물을 주셨다는 것과 그 많은 사람들이 나의 삶을 풍성하게 해준 것을 부인하는 것이다. 거짓 경건과 그릇된 수줍음으로 이를 부인하는 것은 겸손이 아니다. 합당한 맥락에서 올바른 태도로 자신의 장점을 인정하는 것이 진정한 겸손의 증거다.

우리는 또한 우리의 단점을 인정하고 더욱 겸손해지는 데 사용할 수 있다. 나는 인내심이 있는 사람이 아니다. 기다리는 시간을 줄이는 것이 내 생활의 중요한 목표일 정도다. 나는 성급하고, 쉽게 분통을 터뜨리고, 인색하고, 불평하는 단점이 있다. 이런 단점으로 인해 나는 내 마음대로 하고 싶고 최악의 경우에는 남을 조종하려고 든다. 이 사실을 인정하는 것은 쉽지 않았다. 오랫동안 나는 이 단점을 숨기려고 애썼지만 점차로 영적인 훈련을 통해 단점을 인정하는 데서 오는 자유를 배우게 되었다. 가장 재미있는 것은 사람들의 반응이었다. 내가 숨기려고 애쓸 때는 사람들이 나의 단점을 지적하고 문제 삼으려 들었다. 그러나 내가 더 정직해지자 사람들은 덜 비판적이 되었고 더 많이 용서해 주었다.

단점을 숨기려고 하는 것은 사실 인격의 문제점을 더욱 드러내는 빨간불이다. 자신의 단점에 대해 솔직하면 그것이 창문이 된다. 사람들은 내가 숨기려고 할 때는 나를 바라보지만 솔직하게 털어놓으면 나를 통과해서 들여다보게 된다. 얼마나 좋은가? 우리의 단점을 포함해서 자신에 대해 솔직해지는 것이 겸손을 낳는다. 단점을 감추려고 하는 것은 교만을 드러낼 뿐이다.

지도자를 위한 겸손의 핵심

> "하나님은 교만한 자를 대적하시되 겸손한 자들에게는 은혜를 주시느니라"(벧전 5:5).

지도자들에게 있어서 겸손이 이렇게 중요하고도 어려운 이유는 무엇일까? 그것은 지도자들은 성공한 사람들이기 때문이다. 우리가 현재의 사역 분야에서 지도자가 된 것은 대개 우리가 그전의 맡았던 일에 성공했기 때문이다. 우리가 지금의 역할을 성공적으로 수행한다면 더욱더 큰 지도자의 역할이 주어질 것이다. 성공은 교만의 온상이다. 그렇기 때문에 지도자들은 교만해지기가 쉽고, 겸손해지는 것이 지도자들에게 있어서 더 어렵고도 중요한 일이 되었다.

지도자들에게 있어서 겸손이 중요한 성경적인 이유들이 있다. 그 중 몇 가지를 살펴보자.

하나님은 교만한 자를 대적하신다

하나님이 자기를 대적하기를 원하는 지도자가 어디 있겠는가? 아무도 없다. 베드로는 "하나님께서 교만한 자를 대적하신다"(벧전 5:5)라고 했다. 이것은 무서운 말씀이다. "대적하신다"는 표현은 "전쟁터에서 막 치려고 한다"는 뜻이다. 서부극에서 인디언들이 산등성이에서 전열을 갖추고 서 있는 모습을 떠올려 보라. 극적인 음악이 긴장을 고조시키고 개척자들은 마차를 중심으로 둘러서서 방비할 태세를 취한다. 전투가 이제 막 벌어질 것이다. 이 장면은 역사적으로 정확한 것은 아니지만 실로 극적이다.

대적하신다는 말은 하나님께서 전투태세를 갖추신다는 말이다. 이는 하나님께서 그의 모든 자원을 동원하셔서 전투에 임하신다는 뜻이다. 하나님은 군대를 동원하시고 진열을 갖추셔서 그분의 두려운 임재로 당신을 겁주신다. 우리가 만약 지도자로서 교만하게 행한다면 하나님께서는 모든 무기를 가지고 당신을 맞서실 것이다. 교만은 파멸을 가져온다. 반대로 겸손은 하나님의 은혜로 인도한다. 베드로는 계속해서 이렇게 말한다. "하나님은 교만한 자를 대적하시되 겸손한 자들에게는 은혜를 주시느니라"(벧전 5:5).

하나님은 겸손한 자를 높이신다

지도자로서 당신은 아마도 자아가 강한 사람일 것이다. 성공하기를 원하고 더 높은 지위를 원하는 사람도 있을 것이다. 더 많은 돈을 벌고 더 영향력 있고 더 많은 사람들에게 영향을 끼치기를 바랄 수도 있다. 그러나 주의해야 한다. 문제는 이런 야망을 갖는 데 있다기보다는 그것을 어떻게 이루느냐에 있다.

야고보는 이렇게 말한다. "주 앞에서 낮추라 그리하면 주께서 너희를 높이시리라"(약 4:10). 우리는 흔히 이런 모토에 따라 행동한다. "할 수 있는 것을 다 하라. 내가 얻은 모든 것을 모아서 그 위에 앉아 다른 사람들이 차지하기 전에 나머지를 불태워라." 우리는 쉽게 자기선전, 자기과시, 자기중심에 빠진다. 우리는 무엇이든 다 우리에게 달렸다고 생각한다. 우리가 높임을 받기 원한다. 성경도 하나님께서 당신을 높이신다고 하셨다. 그러나 우리는 아직 반만 정답을 찾은 것이다.

하나님께서는 당신을 높이기를 원하신다. 문제는 우리가 어떤 길을 선택할 것인가이다. 우리의 이름을 높이기 위해서 할 수 있는 모든 일을 하는 것은 하나님의 계획이 아니다. 하나님은 우리가 겸손을 선택하기를 원하신다. 그렇게 할 때 하나님이 높이실 것이다. 하나님께서 하나님의 방식으로, 하나님의 때에, 우리의 성품에 합당한 정도에 맞게 높이실 것이다. 하나님께서 당신을 높이실 때 우리는 이를 기뻐할 수 있다. 왜냐하면 하나님의 선물이기 때문이다.

하나님은 겸손한 자를 인도하신다

지도자로서 우리가 자주 하는 기도는 아마도 "주님, 제게 지혜를 주시옵소서"일 것이다. 그리고 두 번째로 자주 하는 기도는 "주님, 어떻게 해야 하는지 가르쳐 주시옵소서"일 것이다. 우리는 끊임없이 하나님께 어떻게 해야 하는지, 하나님의 계획은 무엇인지, 하나님의 때는 언제인지 묻고, 우리의 발걸음을 인도해 달라고 기도한다. 지도자들은 방향을 인도해야 한다. 그런데 문제는 우리 자신이 방향을 알지 못한다는 것이다.

지도자의 역할에는 위험부담이 따르고 우리의 영향력이 커짐에 따라 위험부담도 커진다. 수십 명, 수백 명, 수천 명, 심지어는 수백만의 사람들이 우리의 결정에 영향을 받는다. 우리는 매주 설교 내용을 결정해야 하고, 새 건물을 언제 지을 것인지, 누구를 스태프로 고용할 것인지, 어떤 새로운 프로그램을 시작할 것인지, 어떤 프로그램을 그만둘 것인지,

어디에 새 교회를 개척할 것인지, 다음 선교지는 어디로 할 것인지, 이 모든 것을 위해 필요한 재원은 어떻게 마련할 것인지 등등을 결정해야 한다. 이런 결정을 내리는 능력은 하나님의 인도를 받을때 제대로 나타난다.

하나님의 인도하심을 듣기 위해서는 여러 가지가 필요하지만 그 중 가장 중요한 것은 겸손이다. 다윗은 "겸손한 (humble, 한국어 성경에는 온유한) 자를 정의로 지도하심이여, 겸손한 자에게 그의 도를 가르치시리로다"(시 25:9). 하나님의 말씀을 듣고 그 인도함을 느끼기 위해서는 겸손하지 않으면 안 된다. 지도자들은 자신들이 인도하는 사람들을 위해서 하나님의 인도하심을 들을 책임이 있기 때문에 반드시 겸손해야 한다.

| 하나님은 겸손한 자에게 능력을 주신다

지도자로서 일을 하다보면 우리 자신의 능력이 얼마나 미미한지 깨닫지 않을 수 없다. 초자연적인 일을 하기 위해서는 초자연적인 능력이 필요하다. 진정한 영적 지도자들은 그들을 통해 하나님의 능력이 드러나기를 간구한다.

모세에 대해 성경에서는 "겸손함(한국어 성경에는 온유함)이 지면의 모든 사람보다 더하더라"(민 12:3)고 묘사되어 있다. 이것이 모세를 향한 하나님의 은총과 역사를 보여주는 일련의 사건들의 출발점이었다. 아론과 미리암이 모세를 비난하자 하나님께서는 그들을 책망하셨다. 하나님께서 구름 기둥 가운데로부터 직접 강림하셔서 그들에게 말씀하시길 모세와 말씀하실 때는 "내가 대면하여 명백히 말하고 은밀한 말로 하지 아니한다"고(민 12:8) 하셨다. 그리고 미리암에게 문둥병이 발하게 하셨다. 아론이 자비를 구하자 모세가 중보했고, 하나님께서는 이를 받아들이셔서 7일 동안만 문둥병에 걸리게 하셨다.

모세는 하나님을 알았고 하나님의 능력을 구할 수 있었다. 당신도 하나님을 알고 하나님의 능력을 구할 수 있는가? 이것이 영적인 지도력의 잣대이다. 하나님을 알고 그분의 능력을 구할 수 있는가? 모세의 겸손함은 하나님의 능력을 구할 수 있다는 전제조건이었다. 우리가 겸손할 때 하나님의 능력이 당신을 통해서 나타날 수 있다.

| 하나님의 임재가 겸손한 사람을 둘러싼다

이사야는 하나님의 질문을 전했다. "하늘은 나의 보좌요 땅은 나의 발판이니 너희가 나를 위하여 무슨 집을 지으랴"(사 66:1) 이는 다시 말해서 성전을 짓는다고 해서 나의 임재가 보장된다고 생각하는 이유가 무엇이냐? 라는 뜻이다. 구약의 이 구절은 신약의 현실을 예시한다. 하나님은 사람이 지은 건물에 사시지 않고 사람들 안에 사신다.

이사야는 계속해서 하나님의 말씀을 전해 준다. "무릇 마음이 가난하고 심령에 통회하며 내 말을 듣고 떠는 자 그 사람은 내가 돌보려니와"(2절). 하나님은 겸손한 지도자들을 통해서 자신을 드러내시기를 기뻐하신다.

당신은 하나님의 임재의 기운을 느낄 수 있는 사람을 알고 있는가? 그런 사람 옆에 있으면 뭔가 특별하고 초자연적이고 평화롭고 경이로운 느낌이 든다. 하나님께서 하나님의 임재로 당신을 감싸는 것의 핵심은 겸손이다. 하나님께서는 수천 개의 교회당보다 한 명의 겸손한 지도자를 통해서 그분의 임재를 드러내신다.

하나님의 메시지는 너무나 분명하다. 겸손은 지도자에게 필수적이다. 그렇다면 어떻게 겸손을 배울 수 있을까? 어떻게 겸손을 개발할 수 있는 환경을 만들 수 있을까?

겸손을 배우기

> 겸손을 배우는 데 있어 가장 흥미로운 것은 그것이 우리의 선택이라는 점이다.

겸손을 배우는 데 있어 가장 흥미로운 것은 그것이 우리의 선택이라는 점이다. 성경은 겸손하라(야고보서에서는 낮추라고 표현)고 말씀한다(약 4:10; 벧전 5:6). 우리는 겸손할 책임이 있다. 그러므로 성경적이고 실제적인 겸손을 배우는 방법이 있을 것이다.

이것은 다른 사람을 겸손하게 할 책임이 있다고 생각하는 것과는 반대가 된다. 성경은 우리에게 서로 존경하기를 먼저 하라(롬 12:10)고 말씀한다. 어떤 교인들은 서로 존경하기를 꺼린다. 그들의 자만심을 키우는 데 기여할까 두려워하기 때문이다. 한 사모는 내게 이렇게 말했다. "나는 절대로 남편의 설교를 칭찬하지 않아요. 교만해질까 봐서요."

의도는 좋지만 방법은 잘못되었다. 우리는 서로를 높이고 감사를 표현할 의무가 있다. 우리는 서로의 성품과 서로가 한 일에 대해 감사하고 칭찬해야 한다. 진실되고 적합한 칭찬을 어떻게 받아들이는가는 그 사람의 문제이지 내 문제가 아니다. 또 어떤 자매가 농담반 진담반으로 자기의 사역은 남들을 겸손하게 하는 것이라고 말하는 것을 들었다. 이 자매는 비판이라는 영적인 은사가 쓴뿌리에서 나온 것임을 알아야 한다.

그녀는 자기의 "사역"에 대해 잘못 생각하고 있다. 남을 겸손하게 하는 사명을 가진 기독교인은 아무도 없다. 다른 사람을 겸손하게 하려는 시도는 겸손이 아니라 모욕을 낳는다. 우리는 누군가를 모욕할 수는 있지만 그 사람을 겸손하게 할 수는 없다. 어떤 상황이 겸손을 낳는 것은 자신의 선택이다. 그러나 이러한 상황을 의도적으로 형성함으로써 겸손에 도움이 되는 상황을 만들 수 있다. 여기에 겸손을 배우는 구체적인 방법 몇 가지를 소개한다.

| 기도

겸손을 배우는 첫 번째 방법은 기도이다. 시간을 정해서 기도하는 것은 우리 마음의 상태에 관해 많은 것을 드러낸다. 기도한다는 것은 하나님께 의지한다는 것이다. 하나님이 필요하다는 것을 드러내는 것이고 우리의 무력함을 인정하는 것이다. 또 우리의 우선순위를 드러내는 것이다. 기도, 그 내용보다도 기도한다는 사실 그 자체가 겸손을 개발하고 유지하는 강력한 방법이다.

기도를 통해 겸손을 배울 때 함께 취할 수 있는 여러 가지 방법들이 있다. **첫째로 무릎을 꿇고 기도하는 것이다.** 무릎을 꿇는 것은 순종과 낮춤의 표현이다. 하나님 앞에서 무릎을 꿇을 때, 우리는 몸으로 겸손을 행한다. 그러나 운전할 때, 식사 전에, 모임을 시작할 때, 예배 시간에 드리는 짧은 기도밖에 하지 않는 지도자들이 많다. 겸손을 키우는 기도는 시간과 자세 등 모든 면에서 의도적인 선택을 필요로 한다.

둘째로 공적인 장소에서 무릎을 꿇고 기도하는 것이다. 때로 예배 시간에 강대상 앞으로 콜링(calling)을 할 때 교인들 앞에서 무릎을 꿇어라. 하나님께서 더 잘 들으실 수 있기 때문이 아니라 우리가 자신을 겸손케 할 필요가 있기 때문이다. 교인들 앞에서 무릎을 꿇는 것은 자신을 낮추는 태도이다. 무릎을 꿇음으로써 우리 역시 모든 것을 다 아는 지도자가 아니라 하나님이 필요한 연약한 존재라는 것을 사람들에게 보여주는 것이다.

셋째로 사람들과 함께 기도하는 것이다. 지도자들은 사람들을 위해서 기도하거나 사람들 앞에서 기도하는 경우는 많지만 사람들과 함께 기도하는 경우는 드물다. 사람들과 함께 기도한다는 것은 주로 소그룹에서 우리의 개인적인 필요와 사역을 위해서 하나님께 울부짖는 것을 말한다. 교인들 앞에서 우리가 하나님이 필요한 것을 고백하는 가운데 겸손하게 되는 과정이 일어난다.

| 기도를 부탁한다

십여 년 전 나는 "기도 팀"이라는 후원자 그룹을 시작했다. 이 그룹을 시작한 이유는 지도자로서의 역할 비중이 커짐에 따라서 영적인 지원이 필요했기 때문이다. 나는 중보기도 사역을 하는 형제 자매들의 영향을 경험해 왔기 때문에 그들의 힘을 얻고 싶었다. 나는 기도를 믿지만 그것은 나의 장점은 아니다. 나는 진짜 기도 전사들이 나를 위해서 기도해 주기를 바랐다.

이 팀에 들어오기를 원하는 중보기도 팀을 모집하는 공고를 했을 때 흥미로운 일이 일어났다. 처음에 지원한 사람들의 절반은 내가 한 번도 만나본 적이 없는 사람들이었다. 그 중 한 사람이 칼 판쵸 씨다. 판쵸 씨는 미국 원주민 기독교인으로서 80대의 고령이었다. 그는 "당신이 우리의 지도자가 되던 날 찍은 가족사진에 있는 젊은 당신의 모습을 보고 당신과 당신 가족을 위해서 매일 기도하기로 헌신했습니다. 이미 여러 달째 그렇게 하고 있습니다. 당신의 기도 팀에 속하기를 원합니다"라는 편지를 보내왔다.

판쵸 씨가 직접 손으로 쓴 편지를 받아 본 순간 나는 깊이 감동이 되었다. 나를 한 번도 본 적이 없는데도 나를 위해서 매일 기도해온 것이다. 나는 그의 이타적인 모범 앞에서 겸손해질 수밖에 없었다. 그렇게 많은 사람들이 나와 나의 가족을 위해서 기도하기를 원한다는 사실에 깊이 감동이 되었다. 하나님은 내게 하나님의 진정한 영웅은 어떤 사람들인가를 상기시켜 주셨다!

십 년이 넘도록 나는 이 기도 팀을 운영해 왔다. 매달 나는 그들에게 우리 가족의 기도제목을 알리는 개인적인 편지를 쓴다. 또 나의 여행 계획을 포함한 그 달의 일정표를 보낸다. 매달 이 편지를 보내는 것은 나를 겸손케 한다. 이를 통해 나는 이 사람들이야말로 정말로 이타적인 종들이라는 것을 다시 깨닫게 된다. 그들은 사람들의 인정을 바라지 않고 단순히 그것이 자신들이 할 일이기 때문에 기도한다. 이를 통해서 나는 다시 한번 나의 영적인 힘의 진정한 근원은 주님이시며 그의 성도들의 기도라는 것을 상기하게 된다. 그리고 나의 힘으로는 할 수 없고 무명의 군대에게 의지하고 있다는 것을 깨닫는다.

현재 약 40명에 달하는 이 기도 팀은 계속해서 나를 위해 기도를 하고 있다. 그들 중 대부분은 책을 쓴다거나 집회에서 강연을 한다거나 하는 공적인 명성을 얻는 일을 하지 않을 것이다. 그러나 그들과 나는 내가 어떤 영적인 능력을 행하거나 성공하거나 업적을 이룬다면, 그것이 어디서 왔는지를 알고 있다. 이 기도 팀과 그들의 계속적인 지원은 나를 겸손하게 한다. 그들은 내가 이 책을 쓰는 전 과정에서 나를 위해 기도하고 있다.

| 배우는 영적 자세를 개발한다

우리 할머니는 아주 재미있는 습관이 있으셨다. 무슨 말씀을 드리든지 "그럴 줄 알았지" 하시는 것이었다. '나는 다 알고 있다' 는 식의 교만에서가 아니라 어떤 사람들이 말 버릇으로 '알잖아?' 라는 말을 덧붙이는 것처럼, 그냥 말버릇으로 그러시는 것이었다. 우리 가족은 종종 이 세상에서 아무리 이상한 일도 할머니가 이미 알고 계시지 않은 일은 없다고 농담을 하곤 했다.

이렇게 말버릇으로 그러는 것은 재미있게 받아넘길 수 있지만 누군가가 정말로 그렇게 생각한다면 문제가 달라진다. 어떤 지도자들은 자신이 다른 누구보다 더 많이 알고 더 머리가 좋다는 태도를 가지고 있다. 내가 젊은 목사였을 때 하루는 아내에게 이렇게 말했다. "사람들이 자꾸 질문만 하지 말고 그냥 내가 하라는 대로 하기만 하면 얼마나 좋을까? 실수도 있겠지만 대부분은 더 나아질 텐데. 대부분의 경우는 내가 옳다는 것을 나는 알고 있어." 아내는 나의 교만에 기절초풍을 했고 격렬한 논쟁이 이어졌다. 물론 내게는 승산이 없는 싸움이었다!

겸손한 태도를 배양하기 위해서는 일생에 걸쳐서 배우는 자의 자세를 갖는 훈련을 해야 한다. 나보다 연세가 많은 한 흑인 목사님이 자기 교회의 결혼 세미나에 나를 강사로 초대하신 적이 있었다. "목사님, 제가 우리 교회 지도자들과 문제가 좀 있는데 상의를 좀 할 수 있을까요?" 나는 속으로 생각했다. "아니, 농담이시겠지." 내가 그분에게 무슨 할 말이 있으리라고는 생각할 수 없었다.

그가 문제를 털어놓은 후 나는 단순한 해결책을 제시했다. 그러자 그가 말했다. "지혜가 담겨 있네요." 나는 지혜는 고사하고 말이 되는 말만 할 수 있어도 기적이라고 생각했다. 그 목사님은 배우고자 하는 정신이 있었다. 그는 새로운 관점을 찾았다. 그는 젊은 백인 목사의 생각을 물어볼 만큼 겸손했다. 나는 그의 겸손함에 놀라움을 금치 못했다.

오랫동안 나의 동료였던 목사는 가끔 중요한 결정을 내릴 때 내게 전화를 해서 조언을 구한다. 그는 이미 성공한 목회자인데도 나에게서 배우기를 원한다. 다시 한 번 하나님께서는 이 사람을 통해서 나를 겸손하게 하시고 배우는 자세를 가질 것을 말씀해 주신다.

자신이 얼마나 배우고자 하는 사람인지는 몇 가지 간단한 질문을 통해서 알 수 있다. 이 책을 읽기 전에 마지막으로 읽은 자기 개발에 관한 책은 무엇인가? 교육 집회나 모임에 마지막으로 참여한 적이 언제인가? 실제로 그 교육에 참석하는가? 아니면 그냥 복도에서 서성이며 잡담이

나 하는가? 자신이 설교를 하거나 가르치지 않는 예배나 성경공부에 참여하는가? 중요한 결정을 하기 전에 신뢰하는 동료들에게 조언을 구하는가?

우리는 다른 사람들에게 가르쳐 달라고 부탁하거나 다른 사람들로부터 배울 수 있는 구체적인 방법을 마련함으로써 겸손을 배울 수 있다.

| 다른 사람들에게 공로를 돌려라

또 하나의 방법은 남들이 성공하도록 돕고 공로를 다른 사람들에게 돌리는 것이다. 예를 들어 교회가 성장할 때 주일학교 교사들이나 전도대원들을 칭찬하라. 스태프들이 중요한 프로젝트를 완수했을 때 공적으로 인정해 주라. 선교 팀이 특별한 승리를 거두었을 때 그 성원들에게 공로를 돌려라. 성공한 프로젝트에 대해 이사회에 보고할 때 공로를 그 일에서 핵심적인 역할을 한 사람들에게 돌려라.

자신의 공로도 포함되어 있을 때도 남들에게 공로를 돌리는 것은 겸손을 배우는 특별한 방법이다. 다른 사람들을 흥하게 하는 것을 선택하는 것이다. 그렇게 하고 나서 집으로 가는 중에 나는 이렇게 기도하곤 한다. "감사합니다, 주님. 동료들을 축복하게 해주신 것에 감사드립니다. 이 프로젝트에서 제가 한 일은 주님이 알고 계십니다. 주님, 그것으로 충분합니다."

또 한 가지는 다른 사람이 성공하도록 조용히 무언가를 하는 것이다. 행정적인 일을 하는 어떤 유능한 자매들이 원칙을 실천하기로 했다. 이 자매들은 "일을 완수한다"라는 모토를 세웠다. 그들은 일의 영역을 놓고 싸우지 않았고 일의 부담을 놓고 분쟁을 일으키거나 서로의 잘못을 끄집어내지 않았다. 또한 자신들이 얼마나 함께 일을 하고 있는지를 내세우지도 않았다. 그들은 단순히 서로를 성공하게 하고 그 조직이 성공하도록 하기 위해서 필요한 일들은 무엇이든지 묵묵히 했다. 그들은 겸손의 본을 보였다. 나는 그들을 통해서 중요한 원리를 배웠다. 겸손한 일꾼들이 서로를 성공하게 한다는 것이다. 그들은 일을 완수했고 그 공로가 누구에게 돌아가든지 상관하지 않았다.

감사의 훈련을 개발하라

나의 아내와 아이들은 감사 카드를 수도 없이 썼다. 아내 앤은 감사 카드를 꼭 써야 한다고 주장했다. 아이들은 성가시게 생각했지만 아내는 끈질겼다. 아내는 자식들에게 감사의 훈련을 시키기로 확고한 결심을 했다. 그 한 가지 방법은 은사를 인정하는 것이다.

반항하는 어린 아이들이나 감사치 않는 지도자들이 가지고 있는 근본적인 문제는 사람들이 우리에게 베푸는 친절을 받을 자격이 있다고 생각하는 교만한 태도에 있다. 우리는 좋은 사무실과 후한 월급과 스태프의 존경과 감독자들의 이해와 인사 위원회의 칭찬과 이사회의 특별대접과 연금 계획과 경비 정산을 받을 자격이 있다고 생각한다.

그러나 사실은 그렇지 않다. 이 중 어느 것도 우리가 받을 자격이 있는 것은 없다. 이런 것들 중에 하나라도 받게 될 때 그에 대한 우리의 태도는 결정적으로 중요하다. 하나님께서 우리에게 이런 것들을 허락하신 데 대해 감사해야 한다. 세계 다른 곳의 기독교 지도자들은 미국의 교계

지도자들이 기대하는 특권을 누리지 못한다. 이러한 축복에 대한 우리의 반응은 그럴 자격이 있다는 것이 아니라 감사여야 한다.

감사하는 자세로 살아가기 위해서는 일차적으로 태도를 훈련해야 한다. 자격이 있다는 태도가 아니라 감사하는 태도로 우리 삶의 모든 좋은 것들을 받아들여야 한다. 감사는 겸손에서 나오고 또한 겸손을 키운다. 감사하는 사람은 "감사합니다. 하나님. 저는 받을 자격 없는 것들을 누리고 있습니다"라고 말한다. 자격이 있다고 생각하는 사람은 "아니, 여보세요. 당신들이 나를 위해서 하는 게 고작 이건가요?"라고 말한다. 감사하는 훈련을 하면 자연스럽게 겸손을 배우게 된다.

겸손을 배우는 것은 영적인 도전일 뿐 아니라 개인적인 도전이다. 아무도 그것을 대신해 줄 수 없다. 당신 스스로 자신을 낮추어야 한다. 지도자로서 받는 집중 조명을 의도적으로 하나님과 다른 사람들에게 돌리는 것은 쉽지 않다. 그러나 우리의 지도자로서의 유산, 우리가 평생을 통해서 갖게 될 참된 영적인 영향력은 바로 거기에 달려 있다. 당신을 낮출 실제적인 방법들을 찾아야 한다. 그렇게 하면 느리지만 확실하게 겸손이 우리의 자질로 형성될 것이다.

6장

예수님의
마음으로 섬기기

성공하는 리더의
9가지 성품

모든 기독교 지도자들은 좋이다. 그들은 하나님을 섬기고 사람들을 섬긴다. 그들은 사역자라고 불리는데, 사역자(minister)라는 말은 종이라는 뜻이다. 그러나 불행히도 현실은 그렇게 단순하지 않다. 우리 대부분은 좋은 의도로 언제나 주님과 사람들의 종으로 살겠다고 결심한다. 그러나 그 길을 벗어나는 경우가 많다. 어느새 남들을 위해 자신을 희생하기보다는 남들로부터 섬김 받으려 들게 된다.

기독교 지도자들은 섬기는 지도자가 되어야 한다고 말한다. 섬기는 지도자라는 말은 기독교 지도자의 지도 방식을 묘사하기 위해서 생긴 말인데 아주 함축적인 의미를 가지고 있다.

왜냐하면 섬기는 지도자라는 개념은 처음에 내게 있어서는 참된 기독교인 사역자의 유일한 모델로 제시되었고 섬기는 지도자는 자신을 희생하고 사람들을 깊이 사랑하고 직접 돌보고 높은 지위와 인정받기를 멀리하고 모든 때를 따라 자신을 낮추는 사람이라고 배웠기 때문이었다. 이 모델에 따르면 섬기는 지도자들은 열정을 가지고 사람들을 직접 돌보고 예수님의 개인적인 사역을 본받는 사람들이었다.

이와는 달리 관리자나 행정적인 스타일의 목사나 지도자들은 사람들에게 관심이 없는 것으로 낮게 평가했다. 그들은 사람들을 개인적으로 섬기기 위해서 매일 친히 험한 일을 하지 않기 때문에 섬기는 지도자로 여겨지지 않았다. 이 모델에 따르면 교회든 회사든 관리자로서의 지도자들은 제외되었다.

이런 설명을 들을 때 그럴법하게 들렸다. 지도자들은 자기를 희생해야 하고, 인정받기를 꺼리며 사람들을 돌보고 교인들에게 개인적인 관심을 가져야 한다는 것이다. 그러나 이것만이 "섬기는 지도자"의 유일한 모델일까? 이런 행동을 해야 과연 "섬기는 지도자"로 불릴 수 있을까?

이런 설명을 들으면서 나는 교실 창문 밖을 내다보았다. 한 학교 직원이 조경을 위해서 다른 고용원들을 조직하는 중이었다. 저 사람은 확실히 섬기는 지도자에 속하겠지. 기독교 기관의 실제적인 필요를 채우기 위해서 자기가 직접 힘드는 일을 하고 있으니까. 보수도 적고 거의 아무도 알아주지 않는 일이니까.

그리고 나서 나는 복도 저쪽에 있는 이 학교의 학장을 떠올렸다. 그도 섬기는 종이라고 말할 수 있을까? 지금 들은 정의에 따르면 아니었다. 그는 높은 지위에 있었고 많은 인정을 받고 학생들과의 접촉은 아주 적고, 후한 급료를 받으며 직접 험한 일을 하는 법도 거의 없고, 직접적으로 하는 일도 거의 없었다. 사무실에 가득한 스태프들은 모두 그의 명령을 따랐다! 이 문제를 어떻게 풀 수 있을까? 만약 미래의 사역자들을 훈련시키는 학교의 최고 지도자가 섬기는 종이 아니라면 도대체 무엇이 섬기는 종인가?

나는 내가 지금 듣고 있는 섬기는 종에 관한 설명이 부적절하다고 결론을 내렸다. 그러나 당시 나는 더 나은 설명을 할 수 없었지만 지금은 가능하다.

다음에 기록한 것은 내가 생각하는 좀 더 균형 잡힌 섬기는 지도자의 모델과 그에 맞는 인격적 자질을 개발하기 위한 행동 방안들이다.

섬기는 리더에 대한 정의

> 섬기는 지도자에서 중요한 것은 우리가 무엇을 하는가 보다는 어떤 사람인가 하는 것이다.

섬기는 지도자란 본질적으로 태도를 말한다. 섬기는 지도자에서 중요한 것은 우리가 무엇을 하는가 보다는 어떤 사람인가 하는 것이다. 모든 섬기는 지도자들이 비슷하게 생기거나 비슷한 생각을 하면서 섬기지는 않는다. 섬기는 지도자를 하는 일이나 행동의 범주를 가지고 규정하면 불필요한 제한을 가하게 된다.

섬기는 리더십은
- 사역의 합당한 동기가
- 우리의 개인적인 사명을 통해서 표현되고
- 개인적인 특성에 의해서 형성되고

- 주어진 사역의 상황에 적용될 때 가능하다.

이 네 가지 요소에 대해 각각 살펴보고 어떻게 실행을 할 수 있는지를 생각해 보자. 이 네 가지가 어떻게 합하여 전체 그림을 이루는지를 이해함으로써 지도자로서의 우리의 역할이 무엇이든 간에 어떻게 섬기는 지도자가 될 수 있는지를 보다 잘 이해할 수 있을 것이다.

| 사역의 합당한 동기

지도자로서의 우리의 동기는 무엇인가? 무엇이 당신을 아침에 침대에서 일어나게 하고 옷을 입고 뛰어다니게 하고 피곤한데도 계속해서 일을 하게 하는가? 간단히 말해서 당신이 사역을 하는 동기는 무엇인가?

불행히도 바람직하지 않은 동기에서 사역을 하는 경우가 종종 있다. 그 중 하나는 죄책감이다. 죄책감 때문에 일하는 지도자는 섬김을 통해서 만족될 수 없는 내적인 필요에 쫓긴다. 이것은 그릇된 죄책감이다. 이런 죄책감을 다른 말로 하면 정죄함이다. "그리스도 예수 안에 있는 자에게는 결코 이제 정죄함이 없나니"(롬 8:1)라고 했기 때문에 그릇된 죄책감은 사역의 지속적인 동기가 될 수 없다. 진정한 죄의식은 죄를 깨닫고 회개하도록 만들지만 남을 섬기게 하지는 못한다.

의무감도 바람직하지 않은 동기 중 하나다. 얼마 동안은 의무감에서 일할 수 있지만 조만간 지치게 된다. 의무감에 쫓기는 지도자들은 결코 만족시킬 수 없는 사람을 기쁘게 하려고 노력하는 것과 똑같다. 예를 들어 어떤 목사는 어머니께 사역자가 되겠다고 약속을 했기 때문에 사역에서 성공하려고 노력했다. 그 어머니는 이미 오래 전에 돌아가셨다! 이 목사는 어머니가 임종하실 때 한 약속을 지키기 위해서 애쓰다가 지쳐 버렸다.

돈은 좋은 동기처럼 보이지만 그렇지 않다. 높은 동기를 가진 많은 사람들이 임금이 낮은 직장에서 일한다. 예를 들면 교사나 상담자들이 있다. 한 목사의 아버지는 목사직이 돈을 잘 벌지 못한다면서 그를 말렸다. 그는 그 후 이십 년 동안 돈을 벌 수 있는 사업을 통해서 최대한 돈을 벌어서 아버지가 틀렸다는 것을 증명하고자 노력했다. 돈이 그의 동기가 되었지만 지도자로서의 성공을 가로막았다.

죄책감과 의무와 돈이 좋지 않은 동기라면 가장 좋은 동기는 무엇일까? 성경은 분명히 말한다. 그것은 하나님을 향한 사랑이다. 예수께서는 "네 마음을 다하고 목숨을 다하고 뜻을 다하여 주 너의 하나님을 사랑하라 하였으니 이것이 크고 첫째 되는 계명이요"(마 22:37-38)라고 말씀하셨다. 이 말을 누구에게 하셨는가가 중요하다. 바리새인들은 당시의 유명한 종교지도자들이었다. 죄의식과 의무와 돈의 힘에 대해서 잘 알고 있었던 극도로 율법주의적이고 엘리트주의적인 사람들이었다. 그들은 이런 불순한 동기로 사람들을 착취했다.

예수님은 이런 종교적 엘리트주의자들에게 하나님을 사랑하는 것이 첫째 계명이요 가장 선하고 가장 우선되는 것이라고 가르치셨다. 이천 년 전이나 지금이나 변한 것이 없다. 예수님은 지금도 똑같이 우리에게 가르치신다. 우리가 사역을 하는 동기는 하나님을 향한 사랑이어야 한다.

하나님을 사랑하는 것과 긴밀히 관련된 것이 사람을 사랑하는 것이다. 예수께서는 바리새인들에게 둘째 계명은 이웃을 사랑하는 것이라고 하셨다. "둘째도 그와 같으니 네 이웃을 네 자신같이 사랑하라"(마 22:39). 이것은 놀라운 계시다. 바리새인들은 엘리트 계층의 특권을 즐기고 있었다. 그들에게는 이웃이란 바리새인들뿐이었다. 그들은 낮은 계급의 사람들을 사랑의 대상으로 여기지 않았을 것이다. 그러나 예수님은 분명히 말씀하셨다. 하나님을 사랑하고 사람을 사랑하라. 이 말씀에 모든 것이 요약되어 있다.

또 다른 상황에서 예수님은 기독교인의 리더십이 세상의 모델과는 반대된다는 것을 말씀하셨다(막 10:35-45). 야고보와 요한은 주의 영광 중에서 하나는 주의 우편에 하나는 좌편에 앉게 해달라고 부탁했다. 예수님은 "너희는 너희가 구하는 것을 알지 못하는도다"라고 하셨으나 그들은 안다고 주장했다!

그러자 예수께서는 세상적 리더십과 기독교적 리더십의 차이를 가르치시면서 그들을 새로운 방식의 지도자가 되라고 명하셨다. "너희 중에 누구든지 크고자 하는 자는 너희를 섬기는 자가 되고 너희 중에 누구든지 으뜸이 되고자 하는 자는 모든 사람의 종이 되어야 하리라"(막 10:43-44). 기독교 지도자들은 교인들을 위해서 스스로를 종으로 만드는 사람들이다. 기독교 지도자들은 그들의 지도자이신 예수님이 하신 것처럼 자신을 희생하라는, 심지어 목숨까지 내놓으라는 소명을 받았다.

그리스도인 리더십에 있어 섬기는 자세는 핵심적이다. 그리스도인의 리더십과 세상의 리더십은 확연히 다르다. 이 말씀은 태도에 관한 것이다. 예수께서는 지도자들을 그들의 태도로 평가하시고 그 태도에서 나오는 결과를 보신다.

이것은 요한복음 13장 1~11절의 발을 씻겨주신 이야기에서도 알 수 있다. 예수께서 베드로의 발을 씻겨주시겠다고 하자, 베드로는 안 된다고 했다. 예수께서 "내가 너를 씻어주지 아니하면 네가 나와 상관이 없느니라"고 하시자 베드로는 마음을 바꿨다. 예수께서는 베드로에게 필요한 것은 목욕이 아니라 섬김에 대한 태도의 변화임을 말씀하셨다. 그의 교만이 섬김을 받지 못하게, 궁극적으로는 종으로서 인도할 수 없게 가로막고 있었기 때문이다.

베드로는 어쩌면 종을 시켜서 매일 자기 발을 씻게 했을지도 모른다. 발을 씻기는 행위 자체는 그렇게 드문 것이 아니었다. 문제는 누가 발을 씻겨주는가? 하는 것이지 발을 씻어준다는 행위 자체가 아니었다. 이를 특별하게 한 것은 예수님의 태도였다. 바울은 이렇게 말했다. "너희 안에 이 마음을 품으라 곧 그리스도 예수의 마음이니"(빌 2:5). 종 되신 예수님의 자세가 제자들의 발을 씻으시고 궁극적으로 십자가를 지셨다. 베드로는 우리가 예수님과 같은 자세를 가져야 한다고 말한다.

우리의 태도와 처신은 눈에 보이지는 않지만 실제적인 향기를 풍긴다. 우리는 예수님의 향기를 풍겨야 한다(고후 2:15). 우리 행동을 감싸는 이 향기는 우리의 동기에서 나온다. 사람들은 이기심과 자기만족과 자기 중심적인 동기들을 냄새 맡을 수 있다. 아무리 감추고 가장을 하려고 해도 우리의 참된 동기는 드러나게 되어 있다. 섬기는 지도자의 동기는 하나님과 사람들을 향한 사랑이어야 한다.

| 우리의 사명을 확실히 해야 한다

많은 지도자들은 그들의 조직을 이끄는 사명서를 가지고 있다. 이러한 집단적인 선언은 강력한 힘이 있다. 그러나 많은 지도자들이 이러한 원칙을 개인의 삶에 적용하지 않는다. 자신의 사명 선언문이 없는 지도자들이 많다. 당신은 사명 선언문이 있는가?

개인의 사명 선언문은 하나님께서 자기에서 주신 특별한 사명을 한 문장으로 요약한 것이다. 예수님의 개인적인 사명은 "잃어버린 자를 찾아 구원"(눅 19:10)하는 것이었다. 사도 바울은 자신의 사명을 이렇게 말했다. "내가 교회의 일꾼된 것은 … 각 사람을 그리스도 안에서 완전한 자로 세우려 함이니"(골 1:25-28). 나의 사명문은 이렇다. "하나님께서는 나를 비전 있는 지도자가 되게 하고 다른 사람들을 성공적인 지도자로 키우도록 하기 위해서 부르시고 준비 시켜주셨다."

섬기는 지도자가 되는 데 개인적인 사명을 규정하는 것이 왜 중요할까? 우리의 개인적인 사명이 우리의 사역의 범위를 규정한다. 어렵지만 배워야 할 한 가지 교훈은 어떤 기회들은 거절할 수밖에 없다는 것이다. 그렇게 하지 않으면 좌절과 분노를 경험하게 된다. 우리가 개인적인 사명의 범위 안에서 지도자의 역할을 해나갈 때 우리의 동기와 태도 모두 합당해지고, 보다 쉽고 성공적으로 섬길 수 있다.

우리의 개인적인 사명은 또한 안정감을 제공한다. 하나님을 기쁘시고 하고 있음을 알기 때문에 쉴 수 있다. 사람들을 만족시키려고 하지 않으므로 우리가 채워줄 수 없는 요구로 인해서 압박을 받지 않아도 된다. 그리고 목적 의식과 목표를 가지게 된다. 우리의 장점을 살릴 수 있다. 우리는 성공을 더 많이 경험할 것이고 이는 더 큰 섬김의 기회를 가져올 것이다.

그리고 성공할 때 이 성공은 겸손함을 동반한다. 하나님이 하도록 하신 것을 하고 있다는 것을 알기 때문이다. 우리는 하나님께서 당신을 불러주시고 준비 시켜주시고 하나님을 섬길 수 있는 기회를 주신 것에 대해 깊이 감사하게 된다. 우리는 하나님의 사명을 분배받았으므로 하나님의 전체적인 사업의 일부를 담당하고 있다는 것을 알아야 한다. 자신의 사명에 집중하는 것은 사역자들 간의 질투나 경쟁을 완화시킨다. 우리에게는 우리의 사명이 있는 것처럼 다른 사람들에게는 그들의 사명이 있다. 우리는 아무와도 경쟁 관계에 있지 않다. 우리가 경쟁을 해야 한다면 그것은 오직 하나님께서 우리에게 주신 개인적인 기준 그리고 기대와 잠재력과 해야 하는 것이다.

개인 사명문을 쓰는 것은 집단적인 계획을 개인화하는 것이 아니고 영적인 과정이라고 생각해야 한다. 사명문을 쓰기 위해서는 성경을 연구하는 것부터 시작해야 한다. 성경에 있는 인물들의 사명을 연구하고 하나님 나라의 신학을 공부하고 세계를 향한 하나님의 사업을 연구해야 한다. 하나님께서 이러한 것들을 알려주신 후에 우리는 비로소 선언문을 쓸 수 있다.

그리고 친구들과 가족에게 우리의 사명문에 대한 평가와 의견을 구한다. 다른 사람들에게 우리의 장점과 단점, 취약점과 재능을 평가하도록 하는 것이다. 평상시의 평가에도 귀를 기울이고 당신을 비판하는 사람들의 견해에도 주의를 기울여야 한다. 때로 비난을 하는 사람들은 옳은 내용을 잘못된 방식으로 말하는 경우가 있다. 그 비난에 담긴 핵심적인 내용은 도움이 된다. 또한 당신을 지지해 주는 사람들을 무시하여 그릇된 겸손으로 인해 장점을 발휘하지 못하는 일이 없게 해야 한다. 당신을 잘 아는 친구들도 하나님께서 당신을 어떻게 쓰실 계획을 가지고 계신지 분별하고 격려해 줄 수 있다. 우리의 영적인 은사나 지도자의 유형이나 관계를 맺는 유형, 배우는 능력 등에 관한 테스트를 하는 것도 좋은 방법이다.

사명문을 작성하는 데 또 다른 중요한 자료는 자신의 삶과 사역의 경험을 돌이켜 보는 것이다. 스스로에게 다음과 같은 질문을 해보라.

- 내가 정말 즐기는 것은 무엇인가?
- 내가 정말 잘하는 것은 무엇인가?
- 내가 했을 때 하나님이 축복하시는 일은 무엇인가?
- 나의 정말 특별하고 독특한 점은 무엇인가?
- 내가 하고 있는 것 중에 생산적이지 않은 것은 무엇인가?

기도와 묵상을 통해서 성경을 공부하고 다른 사람들과 대화하고 자신의 경험을 돌이켜 볼 때 무언가 아이디어가 떠오를 것이다. 그러면 그것을 글로 적어 놓으라. 글을 쓰다보면 우리 생각을 분명하게 정리할 수 있다. 그리고 이것을 가까운 몇몇 사람들에게 보여주고 그들의 의견을 들어보고 계속해서 더욱 생각을 다듬어가라. 그래서 사명문을 한 문장으로 만들어라. 미사여구를 늘어놓기보다는 간결하면서 분명한 문장으로 만들어라. 첫 번에 잘 쓸 수 있는 사람은 없다. 오직 여러 번 고쳐 쓸 때 좋은 문장이 나온다.

우리의 나이와 리더십의 단계에 따라서 이 과정을 여러 번 수정해야 할 수도 있다. 수십 명의 지도자들을 겪어보면서, 물론 절대적인 것은 아니지만 대체로 다음과 같은 빈도로 사명 선언문을 작성하는 것이 좋다는 결론에 도달하게 되었다.

1. 이십 대에는 일 년에 한 번 이 과정을 반복한다.
2. 삼십 대에는 2, 3년에 한 번 이 과정을 반복한다.
3. 사십 대에는 두번 이 과정을 반복한다.
4. 그 후에는 십 년에 한 번씩 이 과정을 반복한다.

개인 사명문을 작성하는 것은 자유로워지는 경험이다. 사명문을 유동성 있게 만들고 해를 넘기면서 조정하라. 인위적인 기준을 가지고 너무 정확한 선언문을 만들려고 하기 보다는 초안을 만들어서 당분간 사용하다가 필요에 따라 재조정하는 것이 좋다. 다른 사람들이 그 의미를 완전히 이해하지 못하더라도 걱정하지 말고 이를 통해서 더욱 성공적인 삶을 살기 바란다.

| 자기 성격을 이해하기

올바른 동기와 분명한 사명을 가진 섬기는 지도자라고 해서 다 똑같은 것은 아니다. 우리가 섬기는 방식에 영향을 미치는 영역은 다음과 같

은 최소한 일곱 가지 영역이 있다. 이는 인성, 재능, 능력, 소명, 훈련, 경험 그리고 성품이다.

이 각각의 범주에는 엄청나게 많은 다양성이 포함되어 있다. 인성 유형을 검사하는 것도 종류에 따라서 다른 분류법을 사용하고 있다. A형, B형 등으로 분류하기도 하고 사자형, 수달형, 비버형 등으로 분류하기도 한다. 혹은 다혈질인 사람, 화를 잘 내는 사람, 우울한 사람, 냉정한 사람으로 분류하기도 한다. 그러나 누구도 어떤 한 유형에 딱 맞는 사람은 없다. 이러한 분류법을 가지고 자신을 제한하지 않도록 주의할 필요가 있다. 인성은 양적으로 잴 수 없다. 우리는 유일무이한 존재이다. 그것을 감사하고 기뻐하자.

지도자들마다 각기 다른 영적인 은사와 타고난 은사가 있다. 성경에는 여러 가지 영적인 은사가 나와 있고 교인들 가운데 이 은사가 어떻게 분배되고 어떻게 사용되는지 설명되어 있다. 대부분의 지도자들은 타고난 은사가 있다. 하나님이 유전자를 통해서 주신 재능들이다. 영적인 은사와 타고난 은사의 결합 유형을 범주화하기에는 너무 복잡하다. 지도자들은 또한 영적인 은사를 받은 사람들이다. 우리는 하나님께서 조리하신 독특한 은사의 결합체이다. 이것 역시 감사하고 기뻐하자!

지도자들의 교육과 훈련, 기술의 수준도 다양하다. 삶의 경험은 사람마다 다르다. 공식적으로든 비공식적으로든 배울 수 있는 기회들을 얼마나 가졌는가도 다 다르다. 성품의 개발 역시 평생에 걸쳐 각각의 독특한 과정을 거친다. 이미 배운 기술들은 낙후되고 새로운 기술들을 습득해야 한다.

간단히 말해서 이 일곱 가지 범주 안에 무수한 다양성이 존재한다는 말이다. 지도자들은 저마다 독특하고 특별한 인성과 재능과 능력과 소명, 훈련, 경험 그리고 품성의 소유자들이다. 한 사람 한 사람이 다 하나님께서 정재한 특성들과 하나님께서 허락하신 환경을 통해서 형성된 독특한 결합체이다. 세상에 얼마나 많은 종류의 꽃이 있는가를 생각해 보라. 다양한 꽃을 좋아하시는 하나님은 지도자들도 다양한 것을 좋아하실 것이다.

얼마나 좋은 일인가! 우리는 서로 비슷하게 만들어진 것이 아니다. 섬기는 종이 되는 것은 누군가를 흉내 내는 것이 아니다. 다른 사람의 모델을 그대로 따라하는 것이 아니다. 지도자의 모델은 정해져 있는 것이 아니다. 섬기는 지도자가 되는 것은 이러한 일곱 가지 범주의 특성을 독특하게 결합함으로써 우리의 사명을 되살리는 것이다. 우리는 유일한 존재이고 그렇게 되어야 한다.

| 사역의 현장에서 일하라

모든 지도자들은 독특한 사역의 현장을 할당받는다. 이것 역시 많은 변수들이 있다. 지역, 문화, 사회, 경제, 영적인 환경 등이다. 한 군데도 똑같은 곳이 없다. 모든 사람이 다 독특한 환경에서 일한다. 그리고 이 모든 사역 현장의 유일한 공통점은 다 어렵다는 것이다.

섬기는 지도자의 역할도 이러한 환경에 따라서 다른 형태를 띤다. 예를 들어 고급 사교 클럽과 노숙자 숙소의 섬기는 리더십은 다른 형태를 띤다. 하지만 섬기는 리더십은 어디서나 가능하다. 문화적 상황에 따라서도 서로 다른 모습을 띤다. 한국 교회에서는 겸손의 표현인 것이 라틴 아메리카의 문화에서는 교만의 표현이 될 수도 있다. 미국의 흑인 목사들은 일본의 목사들과는 아주 다른 지도자 유형을 갖고 있다. 문화적, 지리적 요인들이 리더십 스타일에 영향을 미친다.

사역의 환경에 따른 리더십 유형의 차이는 흔히 간과되기 쉽다. 젊은 목사들은 나이든 목사나 큰 교회의 목사들로부터 배우는 과정에서 이런 역동성을 보지 못하고 실수를 하기도 한다. 나를 훈련시키신 목사님은 한 교회에서 거의 이십오 년간 사역을 해 오신 분이었다. 내가 처음 목사가 되었을 때, 나는 그분을 보고 배운 것들을 그대로 해보려고 했다.

결과는 완전한 실패였다! 그분은 큰 교회에서 오랜 시간 섬기면서 많은 존경과 신뢰를 받고 있었으며 지역 사회에서도 다양한 사람들을 섬겨오셨다. 그런데 내가 그를 그대로 흉내냈던 것이다. 결과적으로 나는 사람들로부터 소외되었다. 그의 지도 유형의 역동성을 이해하지 못하고 그저 그대로 따라하려고 했기 때문이었다.

일부 젊은 목사들이 흔히 범하는 또 하나의 오류는 큰 교회가 주최하는 집회에 참여한 뒤에 거기서 배운 것을 자기 교회에 그대로 적용하는 것이다. 그들이 배운 내용은 물론 좋은 것이지만 상황에 맞게 재해석하지 않으면 부작용을 낳을 수 있다. 특정한 프로그램이나 활동을 그대로 도입하는 것이 아니라 그 원리를 배워야 한다. 섬기는 지도자들은 상황에 맞는 지도력을 발휘할 줄 안다.

섬기는 리더십은 합당한 사역의 동기가 개인적인 사명을 통해서 표현되고 개인적인 특성에 의해서 형성된다. 그리고 그것은 우리에게 주어진 사역의 현장에 적용될 때 일어난다. 섬기는 지도력은 여러 방식으로 다르게 표현되나 핵심은 같다. 바로 동기이다. 우리의 행동에서 풍기는 향기, 예수 그리스도의 향기야말로 섬기는 지도자의 표시다. 내가 섬기는 지도자인가를 알기 위해서는 내가 맡은 역할이나 결과들을 볼 필요가 없다. 나의 마음가짐을 보면 알 수 있다.

사랑의 동기 갖기

　섬기는 지도자에게 있어서 가장 중요한 동기에 대해서 좀 더 구체적으로 다루고자 한다. 사람들은 흔히 이러한 동기가 저절로 생긴다고 생각한다. 그러나 그렇지 않다. 지도자로서 동기를 더욱 순수하게 하기 위해서 의도적으로 특별한 행동을 취할 필요가 있다. 우리는 다른 사람을 섬길 때 그 순간의 동기가 순수한지 아닌지를 감지할 수 있다. 동기를 묘사하거나 정의하기는 어렵지만 동기를 분별하기는 어렵지 않다! 교인들에게는 지도자의 동기를 감지하는 타고난 감각이 있다.

　대부분 동기는 감하거나 순화할 수 없는 영적인 현실이라고 생각한다. 동기는 중요하지만 이해하기는 어렵다. 그래서 이해하기가 힘드는데 이를 정화하는 것은 더 어려울 것이라고 생각한다. 그러나 그렇지 않다. 우리의 동기를 순수하게 하기 위해서 섬기는 상황을 만들 수 있다. 여기에 우리의 동기를 깨끗하게 하기 위한 몇 가지 방법을 소개한다.

　궂은일을 하라. 많은 지도자들이 변기를 닦는다든지, 기저귀를 간다든지, 잔디를 깎는 등의 궂은일을 할 것이라는 기대는 받지 않는다. 솔직히 말해서 지도자들이 대부분의 시간을 이런 일에 보낼 수는 없다. 유능한 지도자들은 사람들을 모으고 고용해서 사람들에게 이런 일들을 하라고 시키는 사람들이다. 훌륭한 지도자는 각자에게 적합한 일을 시킬 줄 아는 사람이다.

그러나 궂은일을 골라서 하는 것은 동기를 감찰하는 한 가지 방법이 된다. 어떤 교회 지도자는 자기의 동기를 놓고 고민하다가 목사에게 전화를 해서 이렇게 말했다. "다음에 진짜 더러운 일, 예를 들어 변기가 막혔다든지 그런 일이 생기면 저한테 말씀해 주세요." 그러자 며칠 안에 아무 일 없던 하수도가 완전히 꽉 막히는 일이 생겼다. 정말로 더러운 일을 해야 할 기회가 주어졌고 그와 함께 화장실과 젊은 지도자의 마음을 동시에 청소할 기회가 왔다. 평상시에는 하지 않는 더러운 일을 선택함으로써 그는 겸손을 배우고 사랑을 사역의 동기로 삼아 도움을 받을 수 있었다. 광고를 하거나 남에게 인정받을 생각 없이 하수도를 청소하는 것은 당신을 겸손케 한다. 이를 통해서 우리가 어떤 일을 하지 않을 정도로 높은 지위에 있는 것이 아니라는 것을 드러내고 우리의 동기를 깨끗하게 할 수 있다. 매력적인 일은 아니지만 단순히 우리가 기꺼이 섬기고자 하는 마음으로 한다면 주는 만족을 경험하게 된다. 영예롭지는 않지만 예수님을 닮아가는 기쁨을 누릴 수 있다.

무명으로 섬기기를 선택하라. 동기를 순수하게 하는 두 번째 방법은 익명으로 선행을 하는 것이다. 나는 예전에 오랫동안 자원봉사 건축 활동을 책임진 적이 있다. 거의 2년 동안 매 주말마다 교회 건물을 짓는 일을 도왔다. 매주 자원봉사자가 바뀌었다. 대부분의 사람들은 내가 이 건물을 짓는 조직의 총책임자인 줄 몰랐다. 왜냐하면 나는 늘 일꾼들과 함께 일했기 때문이다.

어느 날 나무판자를 옮기는 일을 하고 있는데 한 동료가 물었다. "당신은 직업이 뭡니까?" 내가 대답을 하자 그는 "와, 근데 여기서 이런 일을 하세요?" 이렇게 해서 나의 정체는 드러나 버렸다.

하지만 사람들이 몰랐던 동안은 아무 눈에도 띄지 않고 일했던 아주 멋진 기회였다. 나는 주로 월요일에 와서 일할 기술자들을 위해서 미리 자리를 마련해 놓는 기본적인 일로 이들을 섬겼다. 사람들이 보는 것은 기술자들이다. 그들은 합당한 인정을 받을 것이다. 여기저기 쑤시고 아팠지만 내가 한 일에 대해 큰 만족을 얻을 수 있었다. 나는 주님을 향한 사랑과 그의 일에 대한 사랑, 그리고 그 건물의 목적과 사명을 위해서 일했다. 나는 순수한 동기 외에는 아무런 보상을 바라지 않았고 익명으로 일했다. 이를 통해서 큰 기쁨을 느꼈고 모든 일을 이런 정신으로 해야겠다고 생각하게 되었다.

비밀스럽게 섬기라. 지도자들이 자신이 참여했다는 사실을 전혀 알리지 않고 섬길 수 있는 기회들이 때때로 생길 때가 있다. 비밀스럽게 섬기는 것은 그 무엇보다도 더 우리가 사랑의 동기로 일하게끔 해준다.

예를 들어 아는 사람에게 돈을 줄 때 그 사람에게 직접 주지 않고, 익명으로 주고 비밀로 할 수 있다. 이렇게 아무에게도 알리지 않고 어떤 사람의 필요를 채워줄 수 있다. 그리고 우리가 했다는 것을 드러내지 않고 어떤 문제를 해결할 수도 있다. 그런데 내가 어떻게 이런 일들을 했는가에 대해서는 비밀을 지킬 수밖에 없다. 왜냐하면 내가 했다고 하면 결국 동기를 순화하려던 모든 것이 수포로 돌아갈 테니까.

내가 처음 교단의 지도자 일을 맡았을 때 내 전임자는 이렇게 말했다. "이 일을 하면서 당신한테 가장 의미 있었던 일들은 남들은 전혀 알지도 못할 것이다." 정말 그랬다. 내게 가장 큰 기쁨을 준 일들은 공적인 사역이 아니었다. 그것은 조용히, 비밀스럽게 한 일들이었다. 남들을 위해서 하나님만이 아시는 일을 하는 것은 특별한 기쁨이다.

이러한 비밀스런 섬김을 받은 사람 역시 지도자의 동기에 대해서 무언가를 배우게 될 것이다. 우리가 첫 아이를 낳았을 때였다. 큰 백화점에서 우리가 주문하지 않은 침실가구 세트를 배달해 와서 처음에 우리는 그런 주문을 한 적이 없다면서 거절했다. 그런데 알아보니 누군가가 비밀리에 우리에게 선물을 한 것이었다. 그 후로 오랜 시간이 지났지만 지금도 누가 그 선물을 했는지를 모른다. 이를 통해서 우리는 큰 교훈을 얻었다. 누군가가 아무런 보답도 바라지 않고 섬길 정도로 우리를 사랑한다는 것이었다. 섬기는 지도자들도 이렇게 해야 한다.

적을 섬기라. 예수님은 "원수를 사랑하라"(마 5:44)고 하셨다. 예수님의 말씀은 우리가 사랑할 원수를 가지게 될 것이라는 말씀이다. 지도자의 역할은 공적인 입장을 택하는 것이고 논쟁의 여지가 있는 결정을 내리는 것이며 일부 사람들이 동의하지 않는 의견이나 시각을 갖는 것을 뜻한다. 이것은 반대자들을 만들고 적이 되는 비판자들을 낳게 된다. 사람들을 사랑하는 법을 배우는 한 가지 방법은 이런 적을 섬기는 것이다.

한번은 한 지도자가 내게 자기 가정의 위기를 도와달라고 부탁해 왔다. 그는 나의 공공연한 비판자였다. 내게 와서 도움을 청한다는 것은 그에게는 겸손해지는 경험이었다. 나는 다른 사람에게 부탁하는 대신 내가 직접 은밀하게 돕기로 마음먹었다. 하나님께서는 이 상황을 사용하셔서 상대방이 나를 어떻게 대했든 간에 무조건 사랑하는 법을 가르치시며, 또한 사랑이 나의 사역의 동기가 되게 하셨다.

목사들은 자기를 비난하는 사람들을 사랑하고 조용히 섬길 기회를 갖게 되기도 한다. 교인들 중에 나를 비난하거나 나의 지도력에 대해 반대한 뒤 곧 개인적이거나 가정적인 위기를 맞은 경우가 몇 번 있었다. 우리를 좋아하지 않는 사람들을 섬길 때 무언가 심오한 영적인 일이 일어난다. 단순한 사역의 기회가 생기는 것이 아니다. 하나님께서는 이를 통해서 우리의 동기를 감찰하고 하나님과 하나님의 사람들을 향한 사랑을 정화시킬 기회를 주신다.

누군가를 성공하도록 도우라. 기독교 지도자들의 독특한 동력은 우리의 일이 얼마나 다른 사람을 성공하도록 돕는가 하는 것이다. 예를 들어 나는 약 10년간 전국적인 선교재단을 통해 교회 개척 기금을 헌금했다. 이 기금은 일정한 액수가 모이면 개척 교회를 돕는 데 쓰였다. 그 돈이 교회에 도착했을 즈음에는 내가 한 일은 이미 완전히 잊혀졌을 것이다. 설사 누군가 알았다고 하더라도 개척 교회를 하는 분들이나 이를 통해서 예수님을 믿게 된 사람들은 대개 이 과정에서 내가 한 역할에 대해 전혀 알지 못했다.

지도자로서의 동기를 순수하게 하는 한 가지 좋은 방법은 다른 사람들의 성공을 돕는 것이다. 내가 섬겼던 교회들이 성장하는 것을 보면서 나는 마음의 만족감을 가지고 조용히 떠났다. 나는 이렇게 기도했다. "감사합니다, 주님. 이렇게 교회가 성장하는 데 제가 쓰임을 받을 수 있었던 것을 감사드립니다. 그리고 제가 한 일에 대해서 아무도 모르게 해주셔서 감사합니다." 지도자들은 자기가 한 일에 대해서 전혀 알리지 않고 남들을 돕기 위한 결정들을 내리고 프로그램과 체제를 구축할 수 있다. 연극의 제작자처럼 무대를 설정하고 사람들을 고용하고 연출가를 정하고 뒤에서 처리해야 하는 모든 일들을 다 할 수 있다. 그러나 커튼이 올라갈 때 우리는 무대에 없다. 다른 사람들을 성공하게 하고 어떤 인정도 바라지 않고 그렇게 하는 것은 지도자로서 우리 동기를 순수하게 하는 확실한 방법이다.

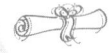

섬기는 리더십은 가치 있는 것이지만 이를 일이나 직함이나 연봉과 연관시켜 생각해서는 안 된다. 섬기는 리더십은 마음의 문제이다. 무엇보다도 동기의 문제이다. 섬기는 지도자는 하나님과 사람을 향한 사랑 때문에 일한다.

또한 섬기는 리더십은 성품의 문제이다. 지도자로서의 유산을 남기기 위해서는 올바른 동기에 기초해야 한다. 우리가 죽었을 때 우리는 사람들이 우리가 한 일보다는 우리가 어떤 사람이었던가를 기억하기를 원할 것이다. 섬기는 지도자는 예수님의 겸손의 향기를 주변에 풍긴다.

7장

말씀과 기도로 지혜 얻기

"**젊**은 경영 간부들을 평가할 때 내가 가장 중요하게 생각하는 것은 지혜이다. 왜냐하면 지혜는 배울 수가 없는 것이기 때문이다. 지혜롭든지, 지혜롭지 않든지 둘 중의 하나이다." 이 말은 어떤 큰 회사의 사장이자 존경받는 기독교 사업가가 리더십에 관한 합동연구 모임에서 한 말이다.

나는 그 사업가를 존경하지만 지혜에 관한 그분의 견해에는 동의할 수 없었다. 그리고 이 말로 인해서 나는 지혜에 관한 성경 말씀을 연구해 보고 싶은 마음이 생겼다. 이를 통해서 알게 된 것이 이 장 내용의 기초가 되었다. 연구를 시작하기 전에 내가 지혜에 관한 성경의 가르침에 대해 알고 있었던 것은 우리가 지혜를 구하는 기도를 해야 한다는 것뿐이었다. 또한 내가 더 지혜로워지기 위해서 한 일도 기도뿐이었다. 그러나 성경은 지도자의 중요한 자질인 지혜에 대해 훨씬 더 많은 것을 가르쳐준다.

그 사업가는 지혜의 중요성을 알고 있었다는 점에서는 옳았다. 지혜는 사업체의 간부에게 없어서는 안 되는 자질이다. 그러나 지혜는 누구는 있고, 누구는 없는 그런 것이 아니다. 지혜는 가르칠 수도 있고 배울 수도 있으며 지도자들의 삶에서 엿볼 수도 있고, 측량할 수도 있는 것이다.

이것은 우리가 더욱 지혜로워질 수 있다는 뜻이다. 우리는 배움을 통해서 지혜로워질 수 있고 또 여러 경험을 통해서도 지혜로워질 수 있다. 지혜는 어떤 특정한 사람이나 집단에게만 있는 것이 아니다. 그리고 깊은 산 속에 사는 도사에게만 있는 것도 아니고 노인들에게만 있는 것도 아니다. 그러나 이런 것은 성경이 말하는 지혜는 아니다. 성경에서 말씀하는 지혜는 훨씬 더 쉽게 얻을 수 있다. 우리의 연령이나 상황이 어떠하든지 지금 이 순간부터 우리는 지혜를 개발할 수 있다.

지혜의 개발

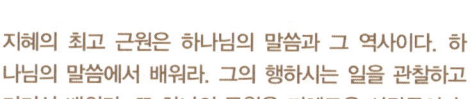

지혜의 최고 근원은 하나님의 말씀과 그 역사이다. 하나님의 말씀에서 배워라. 그의 행하시는 일을 관찰하고 거기서 배워라. 또 하나의 근원은 지혜로운 사람들이다.

| 우리는 지혜를 배울 수 있다

성경은 지혜를 얻을 수 있다고 분명히 말한다. 그리고 우리는 지혜를 얻을 의무가 있다. 성경의 잠언이 말하는 첫 번째 목적은 "지혜를 얻는 것"(잠 1:2)이다. 지혜를 얻는 것이 불가능하다면 어떻게 성경의 한 책 전체가 지혜를 얻기 위해서 쓰였겠는가?

두 번째로 격려가 되는 것은 잠언이 지혜를 어떻게 묘사하는가이다.

여러 곳에서 – 예를 들면 잠언 8장 – 지혜는 길에서 소리를 치는 여인으로 의인화되어 있다. 지혜는 우리의 주의를 요구하고 성문 앞에서 기다리고 우리를 잔치에 초대하며 다른 여러 방법으로 지혜를 구할 수 있다는 것을 알린다. 지혜는 숨어 있지 않다.

잠언과 시편은 우리에게 "지혜를 얻으라"고 여러 번 충고한다. 하나님께서 얻을 수 없는 것을 얻으라고 하시겠는가? 하나님은 우리에게 실제적인 목적을 가르치시고 그것을 가능하게 하신다.

그러나 지혜가 자랐다는 가장 좋은 사례는 예수님이다. 어린 예수님이 성장함에 따라 "지혜가 자라셨다"(눅 2:52). 예수님은 우리 삶에 있어서 모델이시다. 예수님이 성장함에 따라 지혜가 자라셨으므로 우리의 지혜도 자랄 수 있다. 하지만 어디를 가야 지혜를 얻을 수 있을까? 무엇을 해야 지혜가 자랄 수 있을까?

첫 번째 답은 하나님이다. 성경은 하나님만이 현명하시며 지혜의 궁극적인 근원이라고 말한다(롬 16:27). 하나님은 말씀(시 19:7)과 또 그 행사(시 104:24)를 통해서 하나님 자신과 지혜를 드러내신다. 그래서 하나님의 말씀인 성경은 지혜의 첫 번째 근원이 된다. 참 지혜는 성경 말씀을 소중히 여기고 이를 삶의 실제 상황에 적용하는 법을 배우고 오늘날의 현실을 위한 원칙들을 분별하는 데서 온다.

그리고 하나님의 창조와 역사 속에서 하나님께서 행하신 일들도 하나님의 지혜를 드러낸다. 하나님의 창조물에 담긴 지혜를 얻는 방법 중 하나는 자연을 관찰하는 것이다. 잠언은 현명한 행동의 본보기로 개미를 들고 있다. 성경 말씀에서 배우는 것보다는 훨씬 주관적이지만 하나님의 작품이 그분의 지혜를 드러낸다는 것을 성경에서 여러 차례 말하고 있는 것은 흥미로운 일이다(잠 6:6, 시 104:24).

두 번째 답은 사람들이다. 어떤 사람들은 지혜에 있어서 다른 사람들보다 훨씬 앞서 있다. 성경 전체를 통해서 우리는 지혜로운 자를 관찰하고 조언을 구하고 그들에게 배우라는 말씀을 듣는다(잠 13:20; 19:20). 부모는 특히 자녀에게 있어서 지혜의 근원이라고 말한다(잠 4:11; 5:1; 29:15). 인생에 대해서 함께 이야기할 수 있는 지혜로운 부모를 갖는 것은 정말 큰 축복이다.

그러나 지혜로운 사람들이 반드시 가장 높은 교육을 받은 사람들은 아니다. 그들은 성경과 인생과 하나님께서 사람들과 일하는 방식을 통해서 배운 사람들이다. 그들은 하나님께서 주어진 상황에서 어떻게 일하시는지, 성경의 어떤 원리를 어떻게 적용해야 하는지를 아는 타고난 사고력이 있다.

간단히 말해서 우리는 지혜를 배울 수 있다. 그리고 우리의 지혜는 자랄 수 있다. 지혜의 최고 근원은 하나님의 말씀과 그 역사이다. 하나님의 말씀에서 배워라. 그의 행하시는 일을 관찰하고 거기서 배워라. 또 하나의 근원은 지혜로운 사람들이다. 현명한 상담자, 친구, 부모, 멘토를 찾아서 그들에게 배워라. 이 모든 것이 지도자들이 지혜를 개발하는 소중한 재산이다.

| 지혜는 우리의 행동에서 드러난다

지혜에 대한 한 가지 흔한 오해는 솔로몬이 아기를 반으로 자르라고 했던 판결처럼 무언가 절묘한 판결이나 올바른 결정을 내리는 신비한 능력이라고 생각하는 것이다. 지혜가 올바른 결정과 판단을 할 수 있는 것은 사실이고 또 그 이상이기도 하지만 성경에서 지혜는 합당한 행동으로 나타나 있다.

예를 들어 잠언에 지혜로운 사람들의 행동이 나타나 있는데 이 모든 것은 눈으로 관찰할 수 있는 행동과 행위, 선택으로 드러난다.

지혜로운 사람은 하나님을 두려워하고(잠 3:7), 말을 삼가며(잠 10:19), 일생 동안 배우며(잠 10:14), 신중하고(잠 14:8), 새로운 지식을 얻고(잠 18:15), 분별이 있으며(잠 8:14), 훈계를 달게 받고(잠 9:8-9), 사람들에게 예수님의 구원을 전하고(잠 11:30), 자기 집을 세우며(잠 14:1), 분노를 억제하고(잠 29:11), 자신의 재물로 여호와를 공경하며(잠 3:9), 도덕적으로 정결하며(잠 7:4-5), 부모님께 순종하고(잠 6:20), 시간을 아낀다(엡 5:15).

이러한 행동들은 모두 눈으로 관찰할 수 있다. 그래서 이렇게 행동하는 사람을 보면 그가 성경에 나온 지혜로운 사람에 해당된다는 것을 알 수 있다. 이것 중에서 단 하나라도 부족함이 있다면 지혜에 있어서 성장할 필요가 있다. 지혜가 자라기를 원한다면 이러한 문제들에 대한 우리의 사고방식을 바꾸고 행동을 변화시켜야 한다. 지혜는 올바른 행동을 낳는 올바른 사고에 기초하기 때문이다.

성경은 또한 지혜가 부족한 사람들에 대해서도 자세히 설명하고 있다. 지혜롭지 못한 사람은 다음 세 가지로 규정할 수 있는데 놀랍게도 포스트모더니즘의 사회에서도 이러한 행동들은 미성숙과 잘못된 선택으로 간주되고 있다.

충동적인 행동이나 중독(잠 20:1). 술 취하는 것은 성경에서 일관되게 금하고 있다. 성경에 따르면 알콜 음료, 특히 포도주를 마신 일들이 기록되어 있다. 포도주를 마시는 것이 얼마나 흔한 일이었는지, 또 그런 술이 얼마나 독한 술이었는지에 대해서는 논쟁의 여지가 있지만 알콜 음료의 남용은 구약과 신약 모두에서 문제가 되는 행동으로 반복해서 금하고 있다. 술의 남용은 성경에서 언제나 현명하지 못한 행동으로 규정되어 왔다.

그 외 중독성이 있는 행동들, 예를 들어 마약 중독이나 외설물 중독에 대해서는 특별히 언급하고 있지 않다. 그 당시에도 이러한 유혹들이 있었겠지만 오늘날처럼 이렇게 도처에 만연하지는 않았을 것이다. 그러나 알콜 중독은 넓은 의미로 이해할 필요가 있다. 왜냐하면 구체적으로 언급된 알콜 중독에는 모든 중독성이 있는 행동이 포함된 것으로 봐야 하기 때문이다.

술이나 다른 중독성 있는 행동을 완전히 피하는 것을 성경적으로 뒷받침할 수 있지만 성경을 해석하고 토론을 거쳐야 한다. 정직하게 성경을 탐구하면 이 점을 받아들일 수 있을 것이다. 그러나 우리가 최대한 신중하게, 잠재적으로 파괴적이거나 타협적인 행동을 하지 않으면서 현명한 삶을 살기 위해서는 모든 중독성 있는 행동을 완전히 피해야 한다는 것을 쉽게 인정할 수 있다. 이 점에 대해서 성경은 아주 분명하게 말한다.

십대 아이들은 아직 미성숙하기 때문에 이 점을 이해하지 못해 받아들이지 않는 경우가 있다. 십대 자녀를 둔 부모님들이라면 누구나 이러한 지혜를 자녀들에게 가르치기 위해서 애쓴 경험이 있을 것이다. 그들이 가장 흔히 하는 질문은 '어디까지가 죄가 되지 않는 범위 내에서 할 수 있는 것인가?' 이다. 그들은 죄에 빠지지 않으면서 그 경계선 가까이에서 살기를 원한다. 그러나 그 경계선에서 사는 것이 지혜가 아님을 그들은 이해하지 못한다. 지혜는 가능한 한 경계선에서 멀리 떨어져 사는 것이고, 중독 가능성이 있는 모든 행동을 피하는 것이다.

지도자들은 이런 원리를 이해하고 자신의 힘을 믿지 않는다. 많은 지도자들이 식욕이 왕성한 경우가 많다. 그들은 마음껏 먹고 즐겁게 마시면서 자기들은 그 결과에서 예외가 될 수 있으리라고 생각한다. 때로 이러한 교만으로 인해 알콜이나 다른 중독에 빠지는 경우가 많다. 지도자들은 "나는 이런 것들을 조절할 수 있다"고 스스로 말하지만 사실은 그렇지 않다.

어떤 것이든 중독이 될 수 있는 행동에 조금이라도 발을 들여 놓는 것은 지혜롭지 못한 것이다. 그것은 우리의 교만으로 인해 스스로를 속이는 것이다. 이러한 행동들에는 때로 즉각적인 부정적인 결과가 따르지만 하나님은 즉각적인 결과보다 장기적인 결과에 대해서 경고하신다. 한 번의 음주나 한 번의 마약으로 인해 인생이 파멸되지는 않을지도 모른다. 하지만 그렇게 한 번 해보는 것이 중독이라는 파국을 가져오지 않으리라고 어떻게 장담할 수 있겠는가? 절대로 장담할 수 없다. 지혜는 파괴를 가져올 수 있는 행동을 처음부터 완전히 피하는 것이다. 지혜는 경계선에서 멀리 떨어져 걷는 것이지 경계선에서 위태롭게 걷는 것이 아니다.

재정적인 무책임(잠 21:20). 금전적인 문제에 대한 청지기의 태도는 지혜의 또 다른 척도다. 지혜로운 사람들은 돈이 하나님께로부터 온다는 것을 알고 너그럽게 베풀며, 남은 돈은 신중하게 관리하며, 자기 수입의 범위 내에서 생활하고, 미래를 위해 투자하며, 부에 의지하지 않는다.

후한 급료를 받는 지도자들은 공적으로나 개인적으로 재정 관리의 모범을 보여야 한다. 그들은 큰 액수의 주요한 재정적 결정을 내려야 하는 위치에 있다. 개인의 생활이나 직업에서 재정적인 무책임은 지혜가 없는 것을 말해준다. 우리는 간단한 몇 가지 질문만으로 어떤 지도자가 개인적인 재정을 어떻게 관리하고 있는지를 알 수 있고, 이를 통해서 직업과 관련된 재정을 어떻게 관리할지도 예견할 수 있다.

지도자를 선정할 때 그들이 돈을 어떻게 관리하는지 물어보라. 자기 수입 안에서 생활하는가? 모든 요금과 신용카드 대금 등을 제때 지불하는가? 십일조와 기타 헌금을 하는가? 미래를 위해 투자하고 재산에 대한 올바른 생각을 갖고 있는가? 이런 질문에 '예' 라고 답하는 사람들은 조직의 돈도 잘 관리할 확률이 높다.

재정적인 책임감이 부족한 것을 드러내는 빨간 신호등이 몇 개 있다. 하나는 수입보다 지출이 많은 것이다. 예를 들어 신용카드의 한도액까지 이미 빚을 지고 있거나 한 달 생활비가 빠듯할 경우, 그리고 자기가 지불할 수 있는 것보다 더 많은 빚을 지는 경우 등이다. 또한 자기 아내에게도 자기 돈 씀씀이를 비밀로 하는 사람도 여기에 포함된다. 이런 재정적인 규칙에서 자신은 예외라고 생각하며 충고를 외면하는 사람 역시 개인의 재정에 있어 무책임하다는 것을 드러내는 것이다.

어떤 지도자가 자기의 개인적인 재정을 어떻게 관리하는가는 아주 중요한 척도다. 이것은 개인적인 재정과 관련된 지혜를 드러낼 뿐 아니라 조직의 돈을 어떻게 관리할지를 보여주며 그의 삶이 전체적으로 하나님의 기준에 순종하고 있는지를 알 수 있게 해주는 창문이다. 장기적으로 볼 때 재정적인 문제에 관한 개인적인 원칙이 그 사람의 조직의 재정문제에 대한 결정에 영향을 미친다. 개인의 재정에 대한 올바른 원칙을 견지하는 사람은 조직의 재정에 대해서, 특히 어려움이 있는 상황에서 책임감 있는 결정을 내릴 가능성이 많다.

또 하나의 빨간 신호등은 너그럽지 않은 지도자이다. 사역에 있어서 지도자들은 흔히 사람들에게 후원을 하도록 촉구하는 역할을 한다. 그런데 그런 위치에 있는 사람들이 다른 헌금은 고사하고 십일조조차 소홀히 하는 경우가 있다. 어떤 사람은 이렇게 말했다. "하나님이 나는 시간을 드리기 때문에 돈은 드리지 않아도 된다고 말씀하셨다." 이것은 전적으로 잘못된 생각이다. 모든 기독교 지도자들은 헌금과 봉사에 모범을 보여야 한다. 모든 사역의 지도자들은 십일조 이상의 헌금을 드려야 하며, 남을 돕는 데 있어서도 교인들에게 모범이 되어야 한다.

어떤 지도자의 지출 내역과 남을 얼마나 돕는지를 보면 그 사람의 재정적인 가치의 핵심을 알 수 있다. 이러한 재정적인 습관이 지혜를 재는 척도이다. 우리가 돈을 어떻게 관리하는가는 우리 지혜의 수준과 우리가 실제적이고 가시적인 삶의 영역에서 얼마나 하나님의 기준에 순종하는가를 재는 성경적인 척도가 된다.

훈계를 싫어하는 것(잠 15:12). 현명한 지도자들은 훈계를 청하며 이에 긍정적으로 반응한다. 그들은 평생 배우는 태도를 견지하며 자신을 향상시키기 위해 열심히 노력한다. 그들은 다른 사람들을 끄는 여유로운 태도를 갖고 있다. 그들은 자기들이 이미 다 안다는 태도를 취하지 않으며 뽐내지 않는다. 그들은 자기가 잘하고 있다는 환상을 갖고 있지 않다. 지혜에 있어서 성장하고자 하는 지도자들에게는 다가가기가 쉽다. 왜냐하면 그들은 다른 사람들의 견해와 시각, 통찰에 관심을 갖고 귀를 기울이기 때문이다.

현명한 사람일수록 자신이 현명하다고 생각하지 않는다. 그리고 지혜로운 사람일수록 더욱 지혜를 구한다. 이것은 흥미로운 역설이다. 때로 잘못된 목표를 가지고 신학교에 오는 학생들이 있는데 그들은 배우려고 오는 것이 아니라 자신들이 이미 얼마나 알고 있는지를 교수들에게 보여주려고 온다. 이것은 지혜와 반대되는 태도이다. 현명한 지도자들은 배우는 데 열심이고 가르침을 받으려고 하며 새로운 지식을 얻는 데 힘쓴다.

자신의 잘못된 행동에 대해 고침을 받으려 하지 않는 자는 다른 사람의 훈계나 평가를 거부한다. 하나님께서는 모든 지도자들에게 감독자를 주셨다. 그러나 어떤 지도자들은 이러한 관계를 싫어하며 감독을 거부한다. 정기적인 업무 평가를 싫어하고 자신들의 약점을 지적받기를 싫어한다. 개선해야 할 점에 대해 듣는 것은 사절이다. 또 교육을 받거나 훈련을 받아야 한다는 충고도 듣지 않는다. 우리는 이러한 지도자들을 경계해야 한다. 그들의 교만은 파멸을 가져올 것이다.

내가 신학교 총장이 되기 위해 면접을 치룰 때, 이런 예리한 질문을 받았다. "지금 하시는 일에서 연례 평가는 어떤 식으로 하며 당신은 이 평가를 어떤 마음으로 받아들입니까?" 또 "과거에 당신에 대한 평가에서 단점으로 지적된 것은 어떤 것들이 있었으며, 그것에 대해서 지금 당신이 하고 있는 것은 무엇입니까?" 그때 나는 내가 고침을 받기를 원하며 새로운 일을 맡았을 때 기꺼이 배우고자 하는 마음가짐이 있다는 것을 보여주었다. 우리가 누군가를 면접할 때도 이런 질문을 할 필요가 있다. 그들은 자기 일에 대한 정직한 대화를 원하며 자기의 업무 능력을 향상시킬 방법을 찾는다. 현명하지 못한 지도자들은 이를 거부하고 훈계를 받지 않는다.

지혜로운 지도자들은 평생 끊임없이 배운다. 그들은 책을 읽고 동영상을 보고 세미나와 집회에 참석하며 친구나 멘토와 새로운 아이디어를 나눈다. 심지어 그들은 중요한 문제에 있어서도 자기의 생각을 바꿀 자세가 되어 있다. 한 멘토는 내가 지금보다 젊었을 때 – 그리고 훨씬 더 율법주의적이었을 때 – 내게 "평생 살아 있으라"고 충고를 하셨다. 내 생각이 이미 화석화되어 있는 것을 염려하셨던 것이다. 지혜로운 지도자들은 이렇게 되지 않도록 주의해야 한다.

| 거짓 지혜

성경에 나타난 또 하나의 흥미로운 대조는 참 지혜와 거짓 지혜의 대조이다. 마귀는 모든 좋은 것, 모든 경건한 것들의 모조품을 만든다. 지혜도 예외가 아니다. 참 지혜가 분명한 근원이 있듯이 거짓 지혜도 분명한 근원이 있고, 참 지혜가 측정 가능한 결과를 낳듯이 거짓 지혜로 그렇다. 그리고 참 지혜를 얻을 수 있듯이 거짓 지혜도 얻을 수 있다. 지도자들은 그 차이에 주의하고 참 지혜를 구해야 한다.

참 지혜는 구원을 주는 복음에서 나온다. 참 지혜는 성령의 나타나심이고 예수 그리스도와의 관계 속에서 발견된다. 우리는 지혜를 구해야 하고 – 사도 바울이 그랬듯이 – 하나님이 은혜로 우리에게 지혜를 주실 것을 또한 믿어야 한다(고전 2:1-7; 12:8; 골1:28; 2:3; 4:5; 딤후 3:15; 엡 1:8, 17; 3:10; 약 3:13-17). 참 지혜는 예수님과의 관계를 통해서 형성된 인격을 나타내는 겸손한 삶 속에서 드러난다.

그러나 거짓 지혜는 복음과 관계가 없다. 반대로 거짓 지혜는 우상숭배와 부도덕에 기초하고 있다. 거짓 지혜는 십자가의 메시지를 혼동시키려고 하고 율법주의의 모습을 띠고 우리를 성령으로 자유롭게 하는 대신 규칙과 규율로 옭아맨다. 또한 거짓 지혜는 하나님의 기준을 거부하라고 부추기고 모든 규칙을 다 무시하라고 유혹해 마귀로부터 오는 시기, 이기심, 부도덕, 무질서 등 모든 파괴적인 행동을 낳게 한다(롬 1:22; 고전 1:18-27; 3:18-20; 골 2:23; 약 3:15-16).

모든 것을 다 안다고 생각하거나 언제나 자기가 남보다 더 잘 안다는 식의 태도를 취하는 지도자들을 경계해야 한다. 율법주의는 자기가 다 안다는 생각을 갖게 한다. 이런 지도자들은 모든 기독교인이 어떤 옷을 입어야 하고 어떤 오락을 즐겨야 하고, 자식을 어떻게 양육해야 하고, 복잡한 도덕적인 문제에 대해서 어떤 결정을 해야 하고, 교회 생활은 어떻게 해야 하는지에 대해 다 알고 있다는 태도를 취한다. 거짓 지혜는 자기의 지혜로움에 대해 아주 확신에 차 있다. 그리고 거짓 지혜를 가진 지도자들은 겉으로는 겸손해 보일지라도 사실은 아주 교만하다. 그들은 모든 것에 대해 자기의 생각이 가장 옳다고 생각한다. 그러나 겉으로 얼마나 경건한 태도로 자기 의견을 말하든지 간에 결국은 율법주의이다.

거짓 지혜에 찬 지도자들, 특히 공적이고 정치적인 지도자들은 복음과 성경 말씀에 반대되는 결정들을 내린다. 이런 사람들 중에는 세련되고 점잖은 사람들도 있다. 특히 결혼을 재정의하려는 지도자들이 이런 범주에 해당한다. 그들은 모든 사람들에게 평등한 기회라는 높은 목표를 주장하는 것 같지만 사실은 하나님의 기준을 부인하는 것이다. 이러한 지도자를 따르면 도덕의 수준이 높아지는 것이 아니라 밑바닥으로 추락하게 된다.

종교지도자들도 이런 덫에 빠지는 일이 가끔 있다. 미국의 기독교 방송을 보다보면 당황하는 일이 종종 있다. 유명 브랜드의 옷을 입고 분장을 하고 잘 꾸며진 무대에 멋진 모습으로 서서 기복신앙을 전함으로써 탐욕과 시기를 조장하는 설교자들은 잘못된 정치 지도자들과 마찬가지로 거짓 지혜를 전하는 죄를 범하는 것이다.

이런 설교가 얼마나 그럴듯하고 귀를 솔깃하게 하든지 간에 거짓 지혜는 언제나 파괴적인 결과를 가져온다. 참 지도자들, 현명한 지도자들은 이러한 덫을 피하고, 이러한 덫에 빠지지 않도록 주의해야 한다.

| 더 지혜롭게 되는 법

지혜롭게 되는 것은 하루아침에 되지 않는다. 그리고 여기에는 빠른 결과를 얻을 수 있는 간단한 공식도 없다. 지혜롭게 되는 것은 평생에 걸쳐 이루어지는 과정이다. 지혜로운 사람의 중요한 특징인 끊임없이 배운다는 전제 아래 이런 과정을 조금 가속화할 수 있는 구체적이고 실제적인 방법들이 있다. 이를 반복해서 행하면 당신도 현명해 질 수 있다.

하나님께 지혜를 구하라. 지혜는 하나님께로부터 온다. 세상의 지혜를 거부하고 하나님의 지혜를 구하겠다는 의지를 가지고 결정을 내려야 한다. 그리고 우리의 사고방식에 숨어들어온 거짓 지혜를 더 잘 분별하기 위해서 영적인 안테나를 세워야 한다. 그리스도인의 세계관을 의도적으로 적용하고 이를 삶의 모든 영역에 적용해야 한다. 하나님을 경외해야 한다. 이것이 지혜의 근본이기 때문이다. 하나님을 경외하는 것에 관해서는 9장에서 더 다룰 것이다.

지혜를 위해 영적인 자원을 사용하라. 지혜는 하나님과의 관계에서 발견되므로 자신의 구원을 확인할 필요가 있다. 자신을 낮추고 예수님을 통해 하나님께 나아가라. 수용적인 마음으로 하나님께로부터 배우기로 결단하지 않는 이상 참 지혜를 얻을 수 없다.

다음은 하나님의 말씀을 읽고 공부하여 하나님이 어떻게 일하시는가를 알아야 한다. 지도자들은 성경 말씀을 매일 규칙적으로 읽어야 한다. 설교를 준비하거나 성경공부를 인도하기 위해서가 아니라 자기 자신을 위해서 묵상하는 것을 말한다. 이것은 평생 지혜를 얻기 위한 가장 기본적인 훈련이다. 이것 없이 기독교 지도자의 역할을 제대로 행하기를 기대할 수 없다.

매일 성경을 읽는 것은 하나님께 당신의 삶을 빚으실 기회를 드리는 것이다. 미켈란젤로가 시스틴 성당의 천정화를 그릴 때 그는 사다리를 타고 올라가 천정에서 팔 길이 정도만큼 떨어진 곳에서 작업을 했다. 하루 동안 그리는 부분은 전체 그림의 작은 일부분에 불과했다. 그러나 그의 마음속에는 천장 전체에 그려질 그림이 들어 있었다. 하나님이 우리를 다루시는 것도 이와 마찬가지다. 하나님은 우리에게 매일 조금씩 가르쳐 주신다. 우리는 그날 그날 배우는 것밖에는 알지 못하지만 하나님께서는 전체 그림을 보고 계신다. 그렇기 때문에 매일같이 말씀으로 빚어가실 때 결과는 완전히 달라진다. 당신의 삶 전체가 달라지고 평상시에 지혜로운 삶을 살 수 있게 된다.

매일 성경을 읽는 것에 더하여 성경을 깊이 연구하는 것도 지혜를 얻는 데 필수적이다. 성경 말씀을 한 단어 한 단어, 한 책, 한 책 혹은 주제별로 깊이 있게 연구하는 것은 지도자로서 필수불가결한 일이다. 대학과 신학교의 훈련이 도움이 되는 것은 이 때문이다. "실제 사역 현장에는 신학교에서 가르쳐 주지 않은 것들이 너무 많다"고 불평하는 사람들이 있다. 나는 그때마다 "맞아요, 가르치지 않지요"라고 인정한다. 이런 나의 반응에 비판을 하려고 했던 사람들은 좀 놀라지만, 사실이다. 신학교에서는 사역 현장에서 일어나는 모든 상황에서 어떻게 대처해야 하는가를 가르치지는 않는다. 우리가 가르치는 것은 효과적인 사역의 원칙들과 평생 성경을 깊이 연구하기 위해 알아야 하는 성경공부 방법과 도구들이다. 신학교가 구체적인 사역의 기술들을 가르치지 않는다고 비판하지 말고 열심히 성경을 읽어 이를 통해 구체적인 상황에 필요한 새로운 지혜를 얻어야 할 것이다.

마지막으로 지혜를 얻기 위한 방법은 기도이다. 기도는 지혜를 얻는 첫 번째 방법이다. 지혜를 구하면 주시겠다고 하신 하나님의 약속을 믿고 무릎 꿇고 하나님께 구할 때 놀라운 일들이 일어난다. 지혜를 구하는 기도를 하면 하나님께서 어려운 결정들을 내려야 할 때 어떻게 도와주시는지 놀라게 된다. 물론 기도와 함께 이 장에서 이야기한 다른 방법들을 병행해서 지혜를 구해야 한다.

첫째, 지혜로운 사람들에게 배우는 것이다. 하나님께서는 우리보다 성숙한 그리스도인들을 통해서 지혜를 가르치신다. 첫 번째는 부모님이다. 당신에게 현명한 부모님이 계신다면 당신은 복을 받은 것이다. 그분들께 자주 지혜를 구하라. 그렇지못한 사람들도 대부나 대모에게서 지혜를 얻을 수 있다.

둘째, 예수님과 솔로몬을 연구하는 것이다. 솔로몬의 지혜는 잠언을 통해서 배울 수 있다. 나는 매일 그 날짜에 해당하는 잠언을 한 장씩 읽는다. 잠언은 31장까지 있으므로 한 달이면 다 읽을 수 있다. 내 첫째 아들은 십대 청소년이었을 때부터 나를 따라서 잠언을 읽기 시작했다. 지금은 자신감 있고 신뢰받는 지도자가 되었는데 가장 큰 이유는 솔로몬에게 지혜를 배웠기 때문이다. 여러분도 하루에 읽는 성경구절을 늘려야 한다. 인류 역사상 가장 현명한 분이셨던 예수님의 말씀을 최대한 자주 듣는 것도 지혜를 자라게 하는 방법이다. 예수님께서 사람들을 어떻게 대하셨는가를 관찰하면 인간관계에서 지혜를 얻을 수 있고 우리도 이처럼 행할 수 있는 능력을 얻게 된다.

셋째, 위인전에 나오는 사람들을 통해서 배우는 것이다. 기독교 지도자들의 전기는 물론이고 세속적인 지도자들의 전기 역시 지혜를 얻는 데 도움이 된다. 미국 대통령들, 다른 나라의 지도자들, 유명한 탐험가,

체육계의 영웅들, 장군들의 이야기를 통해 우리는 그들이 어려운 상황에서 어떤 지도력을 발휘했는지를 배울 수 있다. 이런 위인전은 두 가지 점에서 도움이 된다. 첫째로, 참 지혜가 어떻게 실제로 발휘되는지를 볼 수 있고, 여러 가지 상황에서 어떻게 대처해야 하는지를 배울 수 있다. 그리고 둘째로, 거짓 지혜의 실제 예를 볼 수 있고 어떻게 잘못된 결정과 비극적인 실수를 막을 수 있는지를 배울 수 있다. 좋은 본보기와 나쁜 본보기, 성공과 실패 모두 지혜를 분별하는 데 도움이 된다.

넷째, 우리가 아는 사람들과 존경하는 공적 인물들을 통해서 지혜를 배울 수 있다. 몇몇 현명한 친구들이 나에게 상담과 조언을 해주고 지원을 해주고 또 여러 가지로 나를 빚어주었다. 그 중에는 동년배도 있고 나에게 관심을 가져준 연세가 많으신 분들도 있다. 그리고 설사 직접적인 관계는 없더라도 존경하는 유명한 기독교 지도자들을 통해서 지혜를 배울 수 있다. 현명한 지도자들을 멀리서 바라보며 그들이 사소한 쟁론을 피하면서 어떻게 쟁론과 상황들을 다루는지를 배울 수 있다. 이분들의 모범을 통해서 우리 자신이 대면하고 있는 문제를 어떻게 다루어야 하는지 알 수 있다.

| 진보를 점검하기

지혜가 성장하는 것은 일생에 걸친 일인데 얼마나 진보가 있는지 어떻게 측량할 수 있을까? 지혜가 얼마나 자랐는지를 가늠할 수 있는 몇 가지 방법을 소개한다.

첫 번째 측량법. 상황을 하나님의 시각에서 바라볼 줄 아는 능력이

자란다. 어떤 문제에 직면했을 때 마음속에서 상황에 적용할 수 있는 성경구절들을 찾게 된다. "이런 문제와 관련된 말씀이 잠언에 있었지"라던가 "다윗 왕이 이럴 때 어떻게 했더라" 혹은 "그 선교사가 이런 비슷한 곤란한 처지에 놓였었는데" 또는 "우리 멘토도 이런 일을 당했었다고 했지"하는 생각을 하게 된다. 하나님의 시각에서 상황을 보는 것이 자연스러워질수록 그만큼 지혜가 자라고 있다는 뜻이다.

두 번째 측량법. 어려운 상황에서 성경의 원리들을 적용할 수 있게 된다. 성경에는 현대인들이 겪는 문제가 구체적으로 다 나와 있는 것은 아니다. 그래서 지도자들은 어려운 문제를 해결하는 데 도움을 얻을 수 있을 만큼 성경을 잘 알아야 한다. 지혜가 성장함에 따라서 성경이 우리의 모든 상황과 인간이 겪는 모든 문제에 대해 말씀하고 있다는 것을 깨닫게 될 것이다. 구체적으로 어떻게 하라고 가르쳐주지 않더라도 가장 근본적이고 적용 가능한 원리를 얻을 수 있다.

세 번째 측량법. 문제가 있을 때 단순히 허용이 되는 방법이 아니라 최선의 방법을 선택하게 된다. 내가 젊었을 때는 하나님께서 받아들이실 수 있는 한계선 근처에서 살기를 원했다. 나의 질문은 "어느 정도까지가 하나님께 위배되지 않는 정도일까?"였다. 지혜가 성장함에 따라 나는 "아버지, 하나님의 은혜로우심을 가장 잘 본받는 방법은 무엇입니까?"로 변해 갔다. 왜냐하면 지혜는 빠져나갈 구멍을 찾지 않고 거룩한 삶을 구하기 때문이다. 지혜는 재앙과의 경계선으로 다니지 않고 그 길을 멀리 피하는 것이다. 지혜는 양다리를 걸칠 방법을 찾지 않고 좁은 길로 가는 것이다.

네 번째 측량법. 자신의 결정이나 위치나 시각, 지식에 대해서 점점 더 겸손해진다. 지혜는 스스로 떠벌리지 않는다. 지혜로운 지도자들은 자신의 지식에 대해서 자신감도 자라지만 이에 상응해서 그만큼 더 겸손해진다. 내 친구 중 가장 현명한 친구는 자기 의견을 쉽게 잘 말하지 않는다. 다른 사람들이 훨씬 덜 현명한 견해를 내놓고 있는 동안 잠잠히 있는 경우가 많다. 현명한 사람들은 자기가 알고 있는 것이 무엇인지 알고 남들이 물어보면 기꺼이 이야기를 한다. 그러나 자기 지혜를 내놓고 자랑하지 않는다. 그리고 현명한 지도자들은 자기의 의견에 동의하지 않는 사람들에 대해서도 인내심을 잘 발휘한다. 그들은 마음속 깊이 자신이 옳다는 것을 알고, 그것이 분명해질 때까지 기다릴 자세가 되어 있기 때문에 남들이 자기 의견에 동의하지 않는 것이 그들에게는 아무런 문제가 되지 않는다.

그러므로 기도 외에도 지혜를 얻기 위해서 할 수 있는 일들이 많이 있다. 지혜는 배울 수 있다. 지혜는 모든 분야의 지도자들이 배울 수 있는 자질이다. 그러므로 부지런히 지혜를 배우자. 당신의 지혜를 측량해 보고 얼마나 진보했는지를 점검해 보라. 언젠가는 우리의 지도자로서의 유산에 지혜로운 결정과 행동이 포함될 날이 올 것이다. 성공적인 지도자들은 현실에 안주하지 않고 끊임없이 전진하는 사람들이다.

8장

하나님 앞에서 자율적으로 살기

성공하는 리더의
9가지 성품

아이들은 어른이 되면 자기가 하고 싶은 것을 하고 싶은 때 할 수 있을 거라고 생각한다. 정말로 그럴 수 있다면 얼마나 좋겠는가! 내 첫째 아들이 스물한 살이 되더니 동생들에게 "할 수 있을 만큼 어린애로 지내라"고 한 것도 무리가 아니다. 어른이 된다는 것은 책임을 진다는 뜻이다. 어른이 된다는 것은 누군가의 감독을 받지 않고 자기의 책임을 완수해야 한다는 뜻이다. 지도자가 된다는 것은 지도를 받는 사람들보다 더 스스로 책임지는 사람이 되는 것을 의미한다. 리더십은 스스로 감독하는 가운데 책임을 완수하는 것을 필요로 하며, 해야 할 일을 자기가 결정해야 하는 것을 필요로 한다.

리더십은 자율을 필요로 한다. 자율적인 사람은 충동보다는 원칙에 따라, 감정보다는 이성에 따라, 순간적인 만족보다는 장기적인 결과를 내다보고 자신의 행동을 통제할 수 있는 능력을 가지고 있다. 자율적인 사람은 가장 쉬운 것이 아니라 가장 좋은 것을 행한다. 어려운 일들을 택하는 것이 습관이 된 사람을 자율적인 사람이라고 말할 수 있다.

기독교 지도자들이 교인들보다 더 높은 수준의 자기 조절 훈련이 필요한 것은 다음과 같은 몇 가지 이유 때문이다.

첫째로 교인들은 지도자들이 다방면에서 모범을 보일 것을 기대한다. 우리는 부모 역할에서부터 가정경제 관리에 이르기까지 모든 문제에서 교인들이 따를 만한 모범이 되어야 한다. 어느 한 분야에서나마 완벽한 모델이 될 수 있는 지도자는 한 명도 없지만, 모든 지도자는 이런 여러 분야에서 받아들일 만한 모델이 되어야 한다.

둘째로 교인들과는 달리 지도자들의 행위는 더 큰 제한을 받는다. 지도자들은 선택을 할 때 신중해야 한다. 교인들에게는 허용될 수 있는 행동들이라도 지도자들에게는 부적절한 행동이 될 수 있다. 옷차림이 좋은 예이다. 기독교 지도자들은 연령과 자신이 속한 문화적, 사회적 상황에 따라 여러 가지 옷차림을 한다. 특정한 옷을 입을 의무는 없지만 현명한 지도자들은 자신의 옷차림이 중요하다는 것을 알고 있다. 사역을 위해서 가장 도움이 되는 선택을 하는 것이 필요하다.

자율적인 사람이 되어야 하는 또 하나의 이유는 일의 부담 때문이다. 현대인들은 다 바쁘지만 지도자들의 일정표는 특히 더 중요하다. 일단 일정이 정해지면 재조정이 어렵다. 반드시 누군가를 실망시키거나 다른 사람들이 다시 일정을 조정하기 위해서 어려움을 겪게 되기 때문이다. 일정표를 짜고 그대로 실행하기 위해서는 훈련이 필요하다.

간혹 자기는 가능한 적게 일하고 남들을 바쁘게 하는 것이 자기의 역할이라고 생각하는 지도자들이 있다. 이것은 머지않아 지도자의 자리를 잃게 만드는 생각이다. 좋은 지도자는 자신의 일과표를 관리하며 스태프와 자원봉사자들을 배려한다. 목사들이 교인의 입장에서 교회에 참여하는 것도 큰 도움이 된다. 이를 통해 사역에 대한 관점이 변화되는 경우가 많이 있기 때문이다.

끝으로 지도자들이 자율적이어야 하는 이유는 밀접하게 감독을 하는 사람들이 없기 때문이다. 특히 기독교 지도자들은 자신의 스케줄과 활동 계획과 방법을 결정하는 데 폭넓은 여유를 가진 경우가 많다. 목사들은 직접적인 감독을 받지 않고 자기 혼자서 일을 하는 경우가 많다. 외적인 통제가 없는 만큼 자율적인 사람이 될 필요가 있으며 자신을 스스로 올바른 방향으로 붙잡아줄 구조를 만들 필요가 있다.

다행히도 하나님은 당신이 혼자서 훈련을 받도록 내버려두지 않으시고 혼자서 훈련 과정을 개발하기를 바라지도 않으신다. 하나님은 이미 강력한 동맹자를 주셨다. 즉 우리 안에 내재하시는 성령님이시다.

자율은 영적인 문제이다

현실적이고 정직하고 자신에게 상당히 엄격해야 한다.
알맞은 계획을 세우고 완성할 수 있는 목표를 정하라.

갈라디아서 5장 22~23절의 성령의 열매에 관한 말씀은 이해하기가 쉽지 않다. 성령의 열매는 성령님이 우리 삶에 영향을 미치고 다스리고 통제하도록 한 결과로 나타나는 것이다. 성령의 마지막 열매는 자기 절제(self-control)이다. 여기서 '자기' 라는 부분이 바로 혼동이 되는 부분이다. 자기 절제, 혹은 자기 훈련이 성령이 낳은 열매라면 여기서 자기가 하는 역할은 무엇인가? 자기 절제와 성령의 열매는 모순되는 것이 아닌가?

그렇지 않다. 자기 절제 혹은 자기 훈련이 성령의 열매라는 것은 자질을 개발하기 위해서 성령님께 의지해야 한다는 것을 강조한 것이다. 육적인 노력으로는 하나님을 기쁘시게 할 수 없고 참된 자율을 낳을 수 없다. 자율에서 말하는 자기는 주체라기보다는 대상을 가리킨다. 자기가 훈련의 대상이고, 그 동기와 능력은 성령으로부터 온다.

성경에는 훈련에 대해 가르치기 위해 농부, 군인, 체육선수 등을 등장시킨다(딤후 2:3-7). 바울은 훈련을 받아야 할 필요를 설명하기 위해서 달리기 선수와 권투선수의 예를 들고 있다. "나는 달음질하기를 향방 없는 것 같이 아니하고 싸우기를 허공을 치는 것 같이 아니하며 내가 내 몸을 쳐 복종하게 함은 …"(고전 9:26-27).

자율이 지도자가 갖추어야 할 자질인 것은 분명하지만 쉽게 얻어지는 자질은 아니다. 바울이 내 몸을 쳐서 복종케 한다고 한 표현에서 알 수 있듯이 훈련은 그렇게 즐겁지는 않아도 반드시 개발해야 하는 덕목이다. 때로 우리는 훈련의 고통을 선택해야 한다. 성령님은 당신에게 절제의 능력을 주실 것이다. 여기에 좀 더 자율적인 삶을 위한 실제적인 방법들을 제시한다.

| 어려운 분야를 정복하라

결혼 초기의 내 체격은 바디 빌딩 광고의 "비포 앤 애프터" 사진 중에서 "비포"에 해당할 만큼 빈약했다. 결혼 후 생활이 규칙적으로 바뀌면서 곧 갈비뼈가 보이지 않게 되더니 어느 날 살이 찐 쪽으로 바뀌었다. 비만까지는 아니었지만 통통해져 몸이 무겁고 동작이 굼뜨게 되었다.

평생 처음으로 식사습관을 바꿔야 하는 순간이 되었다. 처음에는 "이런 것쯤 문제없어"라고 생각했지만 실제로 해보니 너무 어려웠다. 나는 먹는 것이 취미였기에 식욕을 조절하는 것이 무척 힘들었다. 처음에는 음식의 종류를 바꿔보았지만 체중은 줄지 않았다. 음식의 종류가 문제가 아니라 절제가 안 되는 것이 문제였다. 진짜 문제는 몸무게가 아니라 그보다 훨씬 깊은 것, 곧 식욕을 통제해야 하는 것이었다. 새로운 수준의 자기 절제가 필요했다.

오랜 습관을 바꾸는 데는 뭔가 극적인 행동이 필요했다. 나의 목표는 나의 식욕이 나를 통제하는 것에서 벗어나는 것이었다. 나는 일 년 동안 몇 차례 금식을 하기로 결정했다. 나의 식습관을 정복하고 식욕의 압제에서 벗어나며 음식에 대한 유혹을 극복하기 위해서였다. 며칠 동안 금식을 하는 가운데 더 이상 배고픔을 느끼지 못하는 상태를 경험하게 되었다. 나는 신이 났고 용기를 얻게 되었다. 이러한 상태에 도달하는 것은 힘들지만 내 몸이 자유로워지는 경험이었다. 식욕을 완전히 통제할 수 있게 되기까지 나는 이런 금식을 몇 번 반복해야 했다.

첫 금식 때 배고픔을 이기면서 나는 자기 절제의 새로운 차원에 도달하게 되었다. 며칠 동안은 힘들었고 정말로 배가 고팠다. 내 위는 "음식을 달라"는 긴급 신호를 끊임없이 뇌로 보내왔다. 우리 가족은 다 밥을 먹고 있었으므로 식사 시간 때마다 유혹거리가 되었다. 그러나 나는 참

앉다. 그러자 결국은 더 이상 배가 고프지 않게 되었고 먹고 싶은 유혹도 더 이상 느끼지 않게 되었다.

이런 금식 경험은 영적인 깨달음과 직접적인 관련은 없었다. 대부분은 영적인 이유로 금식을 하지만 나는 식욕과 나의 욕망을 통제하기 위해서 금식을 했고 이 목적을 이루었을 때 금식을 마쳤다. 몇 달 뒤 두 번째 금식을 했을 때, 처음보다는 쉬웠지만 여전히 힘들었다. 다시 한번 식욕의 통제로부터 벗어났다는 기쁨을 맛볼 수 있었다.

세 번째 금식을 할 때는 여유가 생겼다. "아무리 음식을 달라고 해봐라. 너는 이제 힘이 없어." 나는 나의 식욕에게 말했다. 세 번째 금식은 전혀 힘들지 않았다. 세 번째 금식이 끝났을 때 나는 내 식욕을 정복했다는 것을 알 수 있었다. 그 후로 나는 스스로 식습관을 통제할 수 있게 되었다.

이렇게 금식을 한 것은 이미 오래 전의 일이다. 그 후로 나는 적당한 수준에서 몸무게를 일정하게 유지해 왔다 - 나이가 들수록 어려워지긴 하지만. 어쩌다가 옛날의 습관이나 명절 때의 잔치로 인해서 식사 궤도를 벗어나기도 했다. 그러나 며칠 동안 다시 주의하면 쉽게 제자리로 돌아왔다. 나는 다이어트를 하지는 않지만 먹는 양을 조절하고 영양가 있는 음식을 먹으려고 애쓴다.

중요한 것은 자기 절제가 안 되는 영역을 정복하고 자기 절제를 키우는 것이다. 이렇게 하는 과정에서 놀라운 일이 일어났다. 나는 다른 영역에서도 절제의 수준이 높아진 것을 발견했다. 금식을 통해서 식욕을 조절할 수 있게 되자 성적인 유혹과 화를 참는 문제에서도 큰 진전이 있었다. 문제가 있는 한 가지 영역에서의 승리는 다른 영역에까지 영향을 미친다.

그러므로 자신이 어려움을 겪는 한 가지 영역을 선택해서 승리를 거두기 바란다. 그 한 가지 영역에 대해서 일 년간 계획을 세운다. 돈 쓰는 습관을 고치기 위해서 매달 상당한 액수의 돈을 저축한다든지, 한 가지 운동을 택해서 비가 오든 눈이 오든 빠짐없이 실행한다든지, 당신을 화나게 하는 상황에 대한 반응을 바꿈으로써 분노를 통제한다든지, 자신이 어려움을 겪는 한 가지 문제를 선택하라. 한 번에 한 가지 이상의 것을 하려고 하지 말고 한 가지 문제를 선택해서 그것을 정복하라. 이를 통해 당신이 얼마나 자유하게 될 수 있는지 알면 놀랄 것이다. 뿐만 아니라 다른 영역에서까지 얼마나 자유롭게 되는지를 발견할 것이다.

특별한 과제

연습을 한다고 완벽해지지는 않는다. 그러나 연습은 지속적인 습관을 낳는다. 자율을 연습함으로써 평생 사용하는 기술을 얻을 수 있다.

예를 들어 나는 동료들과 함께 성경 암송 모임을 만들었다. 일 년 동안 성경 암송 기술을 향상시키고 자기 훈련을 하기 위한 방법을 짰다. 매월 초에 30분간 만나서 암송할 구절을 선택하고 서로 짝을 만들었다. 그리고 한 달 내내 서로 이 구절을 암송했는지를 확인했다. 여행을 자주 하는 사람들이 대부분이었기 때문에 전화로 확인하는 일도 많았다. 매달 짝을 바꾸어서 긴장이 느슨해지는 것을 막을 수 있었다. 우리는 영적인 자율을 향상시킬 수 있는 성경구절을 골라서 암송했다. 한 가지 영역에서 자율성을 높이려고 집중해서 노력하면 다른 영역에 대해서도 좋은 영향을 미친다. 같이 한 사람들은 기도나 성경 읽기에서도 진보가 있었다고 말했다.

그다음 해에는 다른 동료들과 전도 책임 모임을 만들었다. 우리는 한 달에 한 번씩 모여 개인적으로 전도하는 계획을 논의했다. 그리고 서로를 위해서, 전도 대상자들을 위해서, 그리고 하나님의 인도하심에 민감해지도록 기도했다. 마찬가지로 상호책임의 모임을 통해서 좋은 성과를 얻을 수 있었다. 우리는 모두 일관되게 전도를 했을 뿐 아니라, 전체적인 영적인 훈련의 수준이 높아졌다. 하나님께서 우리에게 만나게 해주신 사람들의 필요에 대해서도 더욱 민감해졌다.

이런 특별한 계획들은 반드시 다른 사람들과 함께 해야 하는 것은 아니다. 예를 들어 책 읽기 계획을 세울 수 있다. 해마다 주제, 분야, 저자를 정하든지 어떤 책들을 정해서 독서 계획을 짠다. 이 계획에 따라 책을 읽을 때 어떤 한 분야에 대한 지식이 깊어질 뿐 아니라 시간 관리 등 다른 영역에서도 진보가 일어난다. 예를 들어 여행할 때 시간을 낭비하지 않고 독서를 하는 것 등도 다른 영역에서 보다 절제된 행동을 할 수 있게 해준다.

이러한 개인이나 그룹 프로젝트의 첫째 열쇠는 현실적인 목표를 세우고 그에 맞는 결과를 기대하는 것이다. 둘째로 중요한 것은 아무런 도전도 되지 않는 너무 쉬운 목표를 세워서도 안 된다는 것이다. 성경책을 몽땅 외운다든지, 매달 혁혁한 전도의 열매가 있다든지, 계획한 모든 책을 다 읽는다든지 할 수는 없다. 나는 어느 정도 어렵지만 달성할 수 있는 합리적인 목표를 세운다. 목표의 수준에 대해 정직해지는 것도 훈련의 일부이며 이런 계획을 통해서 진정한 변화를 가져올 수 있는 것이다.

현실적이고 정직하고 자신에게 상당히 엄격해야 한다. 알맞은 계획을 세우고 완성할 수 있는 목표를 정하라. 최선을 다하고 자신의 성과에 정직해야 한다. 다른 사람들과 함께 하면 동기 유발이 되고 서로 격려할 수 있다. 이런 특별 계획을 통해서 자기 자신을 특정한 영역에서 개발할 수 있다. 게다가 한 영역에서의 개발이 다른 영역에까지 좋은 영향을 미치는 것을 발견하는 기쁨도 맛보게 된다.

| 자신에게 맞는 습관

어릴 때 우리 어머니는 나의 나쁜 버릇 세 가지를 고쳐주고자 하셨다. 손톱을 물어뜯는 것과 식탁에 팔꿈치를 대고 앉아 있는 것, 그리고 말이 너무 많은 것이다. 앞의 두 가지는 완전히 고쳤다! 누구나 나쁜 버릇이 있다. 우리는 주로 나쁜 버릇을 고치는 데 중점을 두는 경향이 있다. 그러나 좋은 습관을 개발하는 것도 나쁜 버릇을 고치는 것만큼이나 도움이 된다.

습관이란 의지의 발동없이 자발적으로 움직이는 몸에 익은 행동이다. 그러나 또한 좋은 습관이든 나쁜 습관이든 습관이란 배워서 하는 행동이다. 대부분은 자라는 과정에서 무의식중에 배운 것으로 어린 시절 사회 관계의 영향을 많이 받는다. 아침에 일어나면 물을 마신다든지, 식사 시간에 매번 같은 자리에 앉아서 밥을 먹는다든지, 긴장하면 손가락으로 책상을 두드리는 것 등이다. 이런 습관들은 변할 수 있지만 고치려면 의지적인 노력이 필요하다.

사람들은 좀 더 자율적인 사람이 되면 습관이 저절로 변할 거라고 생각하지만 사실은 거꾸로다. 먼저 의도적으로 습관을 바꾸려고 노력해야 한다. 그러면 자율적인 생활이 점차 자리를 잡는다. 습관부터 고치지 않고 삶에 변화가 있기를 바라는 것은 좌절을 가져올 뿐이며 계속해서 옛날의 버릇으로 되돌아가는 것을 발견할 뿐이다. 새로운 습관을 시작하고 옛 습관을 버려야 한다. 그렇게 할 때 더 자율적인 삶을 살게 되고 삶의 방식이 변하는 결실을 얻을 수 있다.

대학시절에는 매일 일찍 일어나서 성경묵상과 기도 시간을 갖는 것이 쉽지 않았다. 작심 삼일, 하다 말다, 되다 안 되다의 반복이었다. 이것이 습관이 되는 것은 불가능한 것처럼 생각되었다. 처음 목사가 되었을 때도 성경묵상은 뜻대로 되지 않았다. 나는 언제나 성경묵상에 더 우선순위를 두는 것으로 문제를 해결하려고 했다. 그러나 진짜 문제는 밤에 늦게 자는 것이었다.

성경묵상 문제의 해결은 별로 상관없어 보이는 영역에서의 훈련을 필요로 하는 일이었다. 최대한 정해진 시간에 자고 정해진 시간에 일어나는 것이 핵심이었다. 지금은 잠을 푹 자고 아침에 일찍 일어나는 것이 전혀 문제가 되지 않는다. 아침에 정신이 더 맑기 때문에 묵상을 더 잘할 수 있다. 나의 성경묵상 훈련은 묵상에 더 헌신하려고 하는 데에서 잠자는 습관을 고치는 것으로 초점을 옮기자 훨씬 쉽게 개선되었다.

습관을 바꾸는 것은 다른 영역에서도 더 자율적인 생활 방식을 가져올 수 있다.

내가 아는 한 지도자는 어린 자녀들과 더 많은 시간을 같이 보내고 싶었다. 그래서 그는 원래 아침에 일어나서 신문을 읽으며 커피를 마시고 일찍 회사로 출근했었는데 이 습관을 바꿔 아침에 아이들이 학교 갈 준비하는 것을 도와주고 아이들과 함께 아침을 먹고 차로 학교에 데려다 주고 출근을 하기로 했다. 이렇게 그는 자녀와 시간을 함께 보내는 문제를 자신의 아침 일과를 바꿈으로써 해결했다.

어떤 목사는 아침에 좀 더 훈련된 묵상 시간을 갖기를 원했다. 그는 원래 매일 다른 스태프들과 같은 시간에 출근을 해서 정해진 자리에 차를 세우고 정문으로 들어가서 자기 사무실에 가는 도중에 많은 사람들의 사무실에 들러 인사를 했다. 원래 사교적인 성격이다보니 아침 인사가 길어져서 한참씩 이야기를 하는 경우가 많았다. 그는 이 문제를 사무실 출근 방식을 바꾸는 것으로 해결했다. 다른 스태프보다 몇 분 일찍 도착해서 측문 근처에 차를 세우고 측문으로 들어가서 곧장 자기 사무실로 들어갔다. 이렇게 해서 아침의 사교에 정신을 뺏기지 않고 사무실에서 더 훈련된 묵상을 할 수 있었다. 그리고 설교 준비를 소홀히 하면서 사람들과 교제를 나누고 있다는 생각에 마음이 걸렸었는데 이제는 그 주일의 설교 준비를 마친 뒤 사람들과 즐거운 마음으로 교제를 나눌 수 있게 되었다.

사무실도 아직 없고 집에 가면 어린 자녀들이 있어 공부할 공간을 찾지 못하던 한 개척 교회 목사가 있었다. 아이들이 잠든 후나 아니면 이른 아침에 일어나 설교 준비를 하다 보니 피로가 겹쳐 짜증을 내게 되었다. 그는 근처의 수양관에서 공부를 하는 습관을 들임으로써 이 문제를 해결했다. 매주 하루는 종일 이 수양관에서 설교 준비를 하며 보냈다. 전화기도 없고 방해하는 사람도 없어서 그는 꼬박꼬박 이 일정을 지켰다. 이렇게 해서 필요한 성경공부 시간을 가질 수 있었다.

한 교단 지도자는 멀리 떨어진 다른 주로 이사를 간 뒤에도 계속 "우리 고향에서는 이렇게 저렇게 한다"는 말을 했다. 그는 이런 습관을 고치기를 원했다. 그래서 자기 동료들에게 자기가 또 고향 이야기를 하면 그때마다 천 원씩 내놓겠다고 했다. 얼마 안 되어 그는 그 버릇을 고쳤다! 이를 통해 그는 과거의 성공이 아니라 미래의 도전에 초점을 맞출 수 있게 되었다.

자율적인 사람이 되기 위해서, 또는 습관을 변화시키기 위해서는 발상의 전환이 필요하다. 지금의 습관을 바꾸지 않으면서 새로운 행동을 시작하거나 변화를 원하는 사람들이 많다. 이는 불가능하다. 대부분의 경우 원래의 습관을 그만 두어야 새로운 습관을 가질 수 있다. 그리고 새로운 습관을 갖기를 원한다면 행동을 바꾸어야 한다. 새로 정립하고 싶은 습관이 있을 때마다 변화를 가로막는 원래의 습관을 고쳐야 한다.

| 감정을 통제하라

지도자들에게 있어서 중요한 도전이자 필수적인 책임은 감정을 통제하는 것이다. 지도자들은 어려운 상황에서 냉정을 잃지 않아야 한다. 지도자들은 극히 어려운 상황에 처하는 일이 많기 때문에 감정을 통제하는 것이 결정적으로 중요하다. 이런 상황에서 감정적, 영적 균형을 유지하기 위해서는 자기훈련이 필요하다.

지도자들은 많은 감정을 통제해야 하지만 그중에서도 중요한 것은 슬픔과 분노다. 기독교 지도자들은 깊이 애통하거나 상심한 사람들, 혹은 인간관계에서 극도의 갈등을 겪고 있는 사람들과 함께 해야 할 때가 많다. 죽음이나 불치병, 병에 걸린 어린아이, 실직, 십대의 임신 등의 일이 일어났을 때 함께 해야 한다. 또한 교인들이 서로 싸우고 어려운 문제를 놓고 논쟁이 벌어지고 고용한 사람을 해고하고 자원봉사자를 돌려 보내야 하는 일들도 있다. 이런 일을 만나면 스트레스가 심해지고 슬프고 분노하게 된다.

때로 사역자들은 그런 상황을 만난 사람들에 대한 사랑 때문에 자기도 그런 감정에 빠지게 된다. 사랑은 우리에게 감정을 정직하고 적절하게 표현할 것을 요구한다. 여기서 중요한 것은 적절하게 표현하는 것이다. 교인들에게는 슬픔을 적절히 표현하고 분노를 억제하는 모범을 보여주는 사역자가 필요하다. 그들에게는 이런 위기 상황에서 자기 감정을 분출하기보다는 교인들을 섬길 수 있는 지도자가 필요하다.

슬픔을 적절히 표현하기

때로 사역자들은 사역을 통해서 교인들과 개인적으로 친밀한 관계를 맺게 되어 자기 감정을 조절하기가 어려울 때가 있다. 내 친구의 아들 아담은 우리 첫째 아들과 같은 야구 팀 선수였다. 그 아버지와 나는 같이 아이들에게 야구를 가르치며 가족끼리 친구가 되어 서로의 집을 방문하여 식사도 같이 하고 좋은 시간을 보내는 사이가 되었다. 우리는 진실되고 지속적인 우정을 나누었다. 그러나 우리의 우정이 그렇게 큰 아품을 맞이하게 될 줄은 아무도 상상하지 못했다.

어느 날 아담이 이라크 전쟁에서 전사했다는 소식을 들었다. 마치 세상이 갑자기 멈춘 것 같았다. 테러에 맞선 전쟁의 대가가 개인적이면서도 엄청난 희생으로 다가왔다. 아담의 가족은 내게 그 장례 예배를 맡아달라고 부탁했다. 장례식에는 장군 한 분과 주지사도 참석했다. 장례식은 대단히 애통하면서도 비통함으로 가득 찬 가운데 진행되었다. 우리는 이라크에서 동료 병사들의 고별식을 담은 비디오를 같이 보았고 군대 지도자들과 민간 지도자들의 조사, 그리고 아담의 가족들이 그에 관해 이야기하는 아름다운 추억들을 들었다.

나는 감정을 통제하기가 힘들었다. 그러나 가족과 조객들에게 필요한 것은 이 장례식을 맡아서 주관할 수 있는 지도자이지 내 감정을 공적으로 표현하는 것이 아니었다. 그들의 필요가 초점이 되어야 했다. 나의 목적은 그들이 이 엄청난 상실에 대한 슬픔을 표현할 수 있는 안전한 분위기를 마련해 주는 것이었다. 또한 아직 이 사실을 받아들이지 못하고 부인의 단계에 있는 사람들로 하여금 사실을 받아들이고 애도로 넘어갈 수 있게 해주어야 했다.

또 하나의 감정적으로 어려웠던 상황은 아이의 출산과 관련된 때였다. 한 젊은 아버지가 다급한 목소리로 내게 전화를 하여 당장 병원으로 와 달라고 부탁을 했다. 출산 중에 문제가 생겼다는 것이었다. 병원에 도착하자 그는 "와 주셔서 고맙습니다. 아내한테 목사님이 필요합니다"라고 소리치면서 나를 분만실로 밀어넣었다. 의사와 간호사들이 산모와 아기 모두의 생명을 구하기 위해서 긴장된 가운데 바쁘게 움직이고 있었다. 젊은 어머니는 겁에 질린 얼굴로 내 팔을 잡고 외쳤다. "기도를 해 주세요. 기도를 …."

나는 그녀의 손을 잡고 기도했다. 그녀의 남편은 다른 한 손을 잡고 있었다. 간호사들과 의사들은 계속해서 최선을 다했다. 어머니는 계속해서 힘을 주었다. 마침내 아기가 나왔고 인큐베이터에 들어갔다. 이제 문제는 어머니의 목숨이었다. 다행히도 두 사람 모두 무사했다. 그 후로 몇 년 동안 그 아기의 생일이 돌아오면 그 가족은 사진과 함께 아기가 자라고 있는 모습을 전해 오곤 했다.

당시의 위기 상황에서 나는 온갖 감정에 사로잡혔다. 순간 아기가 죽고 어머니는 심각하게 아픈 상황에서 그 아버지를 위로하는 장면이 머리를 스쳤고 나는 감정이 복받쳤다. 그다음 순간에는 아기가 심각한 장애가 있거나 출산 과정에서 다친 모습을 상상하고 겁에 질렸다. 이 사람들은 내 친구들인데!

이런 일들이 일어날 때 그들에게 필요한 것은 지도자이다. 그들은 내가 슬픔과 두려움과 다른 감정들을 통제할 것으로 믿고 있다. 나는 그들의 필요에 초점을 맞춰야 한다. 지도자들은 자기의 감정을 통제하고 교인들의 필요를 우선순위에 놓아야 한다. 자기 절제는 슬픔과 같은 감정을 조절할 수 있게 해준다. 자기 절제는 자신의 감정을 부인하거나 감정적 필요를 무시하는 것이 아니다. 자기 절제는 우리로 하여금 교인들의 필요를 채워주는 것에 초점을 맞출 수 있는 영적 능력을 준다.

자기 절제는 우리의 슬픔을 부인하거나 거짓된 금욕주의를 따르도록 하는 것이 아니다. 슬픔을 통제한다는 것은 이를 올바르게 표현한다는 뜻이다. 슬픔을 표현할 수 있는 상황에서 배우자나 스태프, 교회 지도자, 혹은 친한 친구들에게 털어놓는 것, 적절한 장소에서 마음이 상한 사람들과 함께 눈물을 흘리는 것이다. 슬픔을 부인하거나 그에 압도되지 않고 올바르게 표현하는 것이다. 지도자들은 슬픔을 통제하는 확고한 방법을 가지고 있어야 한다. 이를 통해서 교인들에게 초점을 맞추고 어려운 상황을 맞았을 때 자기의 감정을 다룰 수 있다.

분노를 억제하기

지도자로서 가장 중요한 감정상의 문제는 분노를 통제하는 것이다. 때로 리더들은 심히 분노해서 교인들, 동료들, 신자들에게 분노를 폭발시킬 때가 있다. 지도자들은 영향력이 더 큰 사람들이기 때문에 그들의 분노 역시 더 큰 상처를 줄 수 있다.

이것을 배우기까지는 오랜 시간이 걸렸다. 나는 사역을 시작한 초기에 젊은 자매에게 분노를 터뜨린 적이 있었다. 그녀가 잘못된 결정을 내려서 나를 당황하게 했다고 생각했기 때문이었다. 나의 지나친 율법주의와 야비한 마음에서 나온 공격에 대해서 지금 와서 생각해 봐도 기가 막힌다. 내가 한바탕 분을 쏟고 나서 그녀를 바라보니 그녀는 눈물을 흘리고 있었다. 그때 나는 만족감을 느꼈고 정말로 그녀의 버릇을 단단히 고쳐놓고야 말겠다고 생각했다. 하지만 그것은 그녀에게 돌이킬 수 없는 상처만 주었을 뿐이었다.

또 한번은 나를 위해서 일하고 있는 사람에게 날카로운 비판을 한 적이 있었다. 내 생각에 그의 업무 수행 능력은 수준미달이었다. 그래서 나는 분노를 쏟아 부었다. 그 결과 그의 업무 수행 능력을 고쳐놓기는커녕 그의 사기를 꺾고 나에 대한 충성심을 손상시켰을 뿐이었다.

문을 '꽝' 닫는 것도 우리가 다른 사람에 대해 어떻게 느끼는지를 표현하는 한 가지 유용한 방법이다. 이보다 더 효과적인 방법은 별로 없다. 지금 와서 생각하면 부끄럽지만 한 때는 이것이 남들에게 동기를 불어넣는 좋은 방법이라고 생각한 적이 있었다. 아이들이 말을 안 들을 때 소리를 지른다든지 아내 앞에서 문을 '꽝' 닫는다든지, 내가 가르치던 선수들에게 설교를 늘어놓는 것 등은 모두 헛되이 화를 낸 사례들이다. 이 모든 것이 어느 날 밤 야구장에서 명백해졌다.

한 훌륭한 젊은이가 보조 코치로 나와 함께 일하고 있었다. 그는 정말로 나를 존경했다. 직장을 다니면서 대학에서 공부도 하고 있는 젊은 남편으로서 정말 그 팀을 돕기 위해서 희생하고 있었다. 그는 삼루에 있는 선수들을 코치하던 중에 순간의 결정을 내렸는데, 나는 그 때문에 화가 났다. 나는 분명히 내 기분을 말해 주었고, 그가 얼마나 모자라는지 말해 주었다. 그때 그의 눈동자를 지금도 잊을 수 없다.

그 젊은이는 완전히 상처를 받았다. 그는 나를 존경했고 내 마음에 들고자 했다. 나를 지나치게 높이 평가했던 것 같지만 어쨌든 그렇게까지 나를 존경하고 있었다. 나의 분노가 자기에게 쏟아지는 동안 그의 어깨는 처졌다. 얼굴이 창백해지고 평소에 반짝거리던 눈동자는 빛을 잃고 어두운 우물 같아졌다. 그날 밤 나는 그에게 사과를 했지만 이미 받은 상처는 어쩔 수 없었고 결국 관계가 회복되기까지는 몇 달이 걸렸다.

그날 밤 나는 깨달았다. 사람들은 지도자인 내가 그들을 어떻게 보는

지에 큰 영향을 받는다는 것이다. 그들에게는 나의 의견이 동료의 의견보다 더 중요했다. 내가 하는 말이 그들이 자기 자신에게 대해 어떻게 느끼는가에 큰 영향을 미칠 수 있었다. 내가 사람들에게 화를 낼 때 그들은 이를 개인적으로 받아들였다. 내가 분노를 통제해야 할 필요가 있다는 것이 너무나 분명해졌다.

분노를 관리한다는 것은 슬픔을 관리하는 것과 마찬가지로 단순히 부정하는 것을 의미하지 않는다. 분노 역시 적절히 표현하는 법을 배워야 한다(엡 4:26-27). 예수님이 바로 그 본을 보이셨다. 예수님도 때로는 분노하시고 이를 표현하셨다(막 3:5; 마 21:12-13). 분노를 관리한다는 것은 예수님처럼 적절히 표현하는 것이다. 분노를 통제하고 적절히 표현하는 것은 성공적인 지도자가 되는 데 결정적으로 중요하다. 여기에 분노를 통제하고 적절히 표현하기 위해 배울 수 있는 간단한 방법을 소개한다.

첫째, 당신이 화가 나는 것은 위협을 받는다는 느낌의 결과라는 것을 이해해야 한다. 사람은 위협을 받을 때 화가 난다. 정말 이렇게 간단한 것이다. 예수님 안에서 안전하다는 것을 앎으로써 당신이 위협을 받는 수준을 낮출 수 있다. 예수님의 임재 안에서 안전함을 경험할수록 당신을 화나게 하는 문제가 줄어든다.

둘째, 분노를 분노로 인정해야 한다. 그냥 답답한 것이라든지, 기분이 나쁘다든지, 당황했다고 말하지 마라. 부인하지 말고 "나는 화가 났다"는 것을 인정하고, 다른 사람들에게 말하라. 분노를 적절히 다루기 위해서는 분노를 인정해야 한다.

셋째, 사람들에게 왜 화가 났는지를 이야기하라. 화가 난 상태에서 말하지 말고, 자신의 분노에 대해서 이야기하는 법을 배워야 한다. 분을 쏟아놓지 말고, "나는 너한테 화가 났는데 그것에 대해서 이야기를 하고 싶다"든지 "나는 지금 화가 났다. 좀 있다가 다시 와서 같이 이야기하자"고 말한다. 분을 행동으로 표현하지 말고 분노에 대해서 이야기하라. 소리를 지르고, 문을 꽝 닫고, 물건을 던지고 남을 때리는 것은 절대로 긍정적인 분노의 표현이 될 수 없다.

넷째, 당신을 화나게 하는 상황을 통제하라. 대부분의 사람들은 피곤하거나 배가 고프거나 스트레스가 심할 때 화를 더 잘 낸다. 이렇게 당신이나 교인들이 화가 더 잘 날 수 있는 상황을 예견하고 이런 상황을 통제해야 한다.

마지막으로 사람의 분노가 하나님의 목적을 이룰 수 없다는 성경의 결론을 받아들인다(약 1:20). 만약 당신이 사람을 조종하고 겁주고 바꿔놓기 위해서 분노를 사용한다면 이는 잘못 사용하는 것이다. 잠시 동안은 효과가 있을 수는 있지만 결과적으로는 당신을 따르는 사람들을 흩어버리게 된다. 그들이 당신에게 직접적으로 항의를 하지는 않을 수 있지만 그냥 당신을 떠나버릴 것이다. 자신의 분노를 심한 설교나 말로 분출하는 지도자들은 잠시 동안은 사람들을 모을 수 있다. 그러나 언어폭력이 계속될 때 사람들은 떠나간다. 심지어 소위 "예언자적인" 설교를 한다고 하더라도 사람들은 그를 떠날 것이다.

　리더십에는 자기 훈련이 필요하다. 지도자는 자기를 절제해야 한다. 성령님께서 훈련을 받도록 능력을 주시지만 훈련하는 것은 우리의 책임이다. 당신은 끊임없이 자기만족이나 자기 선전을 위한 행동을 정당화하고 싶은 유혹과 싸워야 한다. 지도자로서 당신은 더 높은 기준에 따라 살도록 부름을 받았다. 사역자들은 훈련된 삶이라는 일생의 도전을 받아들일 준비를 해야 한다.

9장

하나님의 사랑 안에서 용기 내기

성공하는 리더의
9가지 성품

사람들은 거미와 뱀을 무서워 하기도 하지만 대중 앞에서 연설하는 것에도 겁을 낸다. 대부분의 지도자들은 대중 연설에 대한 두려움은 어느 정도 극복했다고 하지만 그 외에도 다른 여러 가지 두려움과 싸운다. 그들은 사람들의 비웃음을 두려워하고, 자신을 따르는 사람들이나 가족들을 실망시킬까봐 두려워하며, 자신의 위치나 영향력, 봉급을 잃어버릴까봐 두려워한다. 혹은 잘못된 결정이나 실수를 하여 수치를 당할 것에 대해서도 두려워한다.

어떤 지도자는 자기는 두려움이 없다고 허세를 부리거나 뽐내지만 그것은 연극일 뿐이다. 지도자는 사람이지 초인간이 아니다. 그들도 두려움과 싸운다. 두려움을 다루기 위해서는 부인하는 것보다 더 나은 전략이 필요하다. 두려움을 이해하고 이를 어떻게 대처할지, 어떻게 용기를 가질 수 있는지를 앎으로써 두려움을 이겨 낼 수 있다.

두려움이란 무엇인가

> 하나님을 두려워하는 좋은 두려움은 잃어버리고 대신 하나님 이외의 다른 것들을 두려워하는 그릇된 두려움이 생겨난 것이다.

용기를 갖자. 당신이 두려움과 싸우는 중이라면 동지가 아주 많다. 성경에도 두려움은 아주 흔한 문제다. 두려움에 관련된 구절이 600개 이상이나 된다. 두려움을 느꼈던 성경의 인물을 나열하자면 영적인 유명 인사들의 모임이 될 것이다. 아담, 아브라함, 사라, 롯, 이삭, 야곱, 라헬, 모세, 라합, 여호수아, 룻, 사무엘, 다윗, 므비보셋, 사울, 엘리야, 솔로몬, 여호사밧, 아하스, 다니엘, 요셉, 베드로, 바울, 요한.

이 모든 지도자들이 다 무언가를 두려워했다. 어떤 인물에 대해서는 하나님께서 "두려워 말라"고 말씀하셨다. 그들이 두려워했다는 뜻이다. 이 명단을 잘 살펴보기 바란다. 아담, 아브라함, 하갈, 이삭, 요셉, 모세, 여호수아, 이사야, 다윗, 요셉, 다니엘, 스가랴, 마리아, 야이로, 베드로, 바울, 요한, 목자들, 빈 무덤을 발견한 여인. 정말 동지가 많다.

불쌍한 여호수아! 하나님은 여호수아에게 두려워 말라고 거듭 말씀하셨다. 우리는 보통 여호수아를 이스라엘을 약속의 땅으로 이끈 전사로 생각한다. 실제로 그는 이스라엘 백성을 용감하게 인도했지만 한편으로는 내내 두려움과 싸우고 있었다. 지도자들도 두려움에서 예외는 아니지만 이를 극복하고 사람들을 인도해야 한다.

두려움은 오래된 문제다. 하나님은 창조의 일부분으로 두려움을 언급하지는 않았지만 죄가 세상에 들어온 뒤에 언급된 첫 감정이 바로 두려움이었다(창 3:10). 이 말은 두려움이 곧 죄라는 뜻은 아니다. 성경에는 하나님을 두려워하라는 말씀이 수도 없이 나온다. 죄가 세상에 들어오면서 두려움이라는 개념에 혼란을 불러 일으켰다. 하나님을 두려워하는 두려움이 유일한 두려움이 아니게 된 것이다. 모든 선한 것과 경건한 것이 다 죄의 영향을 받게 된 것처럼, 두려움도 마찬가지다. 하나님을 두려워하는 좋은 두려움은 잃어버리고 대신 하나님 이외의 다른 것들을 두려워하는 그릇된 두려움이 생겨난 것이다.

그릇된 두려움은 예측 가능한 결과를 낳는다. 이것 역시 두려움에 지배를 받은 사람들의 첫 번째 이야기에서 나온다. 아담과 하와는 두려워서 하나님으로부터 숨었다. 그릇된 두려움의 한 가지 징표는 우리가 그에 의해 지배된다는 것이다. 이는 두 가지로 나타난다.

첫째로 두려움이 죄가 되는 것은 두려움으로 인해서 당신이 잘못인 줄 알거나 원치 않는 일을 하게 될 때이다. 엘리야(왕상 19:3)나 베드로(막 9:6), 사라(창 18:15), 이삭(창 26:7)이 이런 경험을 했다. 두려움은 우리로 하여금 문제 있는 행동을 하게 하거나 남들에게 지배를 받게 만든다. 이런 일이 일어날 때 두려움이 우리를 지배하고 있는 것이다.

둘째는 두려움으로 인해서 해야 하는 일을 하지 못할 때, 이런 두려움은 죄가 된다. 지도자들은 때로 두려움 때문에 부정을 알고도 말을 못하고, 일꾼들에게 책임을 묻지 못하고 제멋대로인 교인들을 책망하지 못한다. 해야 하는 줄을 알면서도 하지 못한다. 역시 파괴적인 두려움에 사로잡힌 것이다. 아리마대 요셉(요 19:38)도 유대인들을 두려워하여 예수님을 공개적으로 따르지 못했다.

두려움에 지배당하는 사람은 지도자로서 긍정적인 유산을 남기기 어렵다. 그릇된 두려움은 파괴적인 결과를 초래한다. 하나님께서 이스라엘에게 주기로 약속하신 땅을 정탐하러 갔던 정탐꾼들을 생각해 보라. 10명의 정탐꾼은 그 땅의 거인들을 보고 두려워서 그릇된 보고를 했고 결국은 하나님이 그들을 위해 예비해 두신 축복을 놓치고 말았다. 두려움으로 인해서 이 정탐꾼들과 그를 좇은 사람들은 하나님의 최선을 경험하지 못했다. 두려움이 우리를 지배할 때 우리는 하나님께서 준비하신 최고의 선물을 놓친다. 또한 슬프게도 우리를 따르는 사람들을 제대로 인도할 수 없다.

그릇된 두려움은 하나님께서 주신 은사를 발휘하지 못하게 한다. 달란트의 비유에서(마 25:14-28) 자기의 달란트를 사용한 종들은 더 많은 달란트를 받았다. 그러나 두려워서 자기의 달란트를 묻어둔 종은 미래에 섬길 수 있는 기회를 잃었다. 두려움은 당신의 은사를 사용하여 더 많이 섬길 기회를 차단한다.

두려움은 또한 당신이 올바른 결정을 내리지 못하게 함으로써 파괴적인 결과를 가져올 수 있다. 롯은 아내와 두 딸과 함께 소돔에서 살았다. 두 천사가 사람의 모습으로 가장하고 롯의 집에 와서 이 성이 멸망할 것을 알려 주었다. 살려면 산으로 도망가라고 말이다. 그러나 거기까지 가기가 너무 힘들 것 같다고 생각한 롯은 소알에서 살도록 허락해 달라고 간청했다.

소돔과 고모라에 불이 떨어지자 롯은 마음을 바꾸었다. 그는 소알에

거주하기를 두려워하여 소알에서 나와 산에 올라가 거주했다(창 19:30). 그 결과로 모압 족속과 암몬 족속의 조상들이 태어났다. 롯은 두려움에 사로잡혀 잘못된 결정을 내렸다. 그 결과 이스라엘의 가장 큰 적이 된 두 민족을 낳은 것이다.

지도자들로 하여금 현명한 결정을 하지 못하게 하는 두려움은 대개 관계를 포함한다. 사람들에게 상처를 줄까, 혹은 그 사람과의 관계가 다치게 될까 두려워하는 것이다. 교회와 사역 조직들은 인간관계가 주가 되기 때문에 이런 두려움이 가장 큰 문제이다.

그 중 한 가지 좋은 사례는 해고나 인사 이동과 관련된 결정이다. 사역자들에게 있어서 이는 매우 어려운 결정이다. 이런 두려움으로 인해서 적절한 시기에 결정을 하지 못하다가 개인과 조직에 손실을 가져오는 일이 종종 있다. 또 하나의 예는 갈등이 일어나는 것을 두려워해서 논쟁의 여지가 있는 문제에 대해 자기 의견을 이야기하거나 우리와 동의하지 않는 사람들과 직접 대면해서 말을 하지 못하는 것이다.

이런 두려움은 지도자들을 마비시킨다. 이런 고민으로 인해서 수면과 식사에 영향을 받고 의기소침해지기도 한다. 다른 사람들이 나의 결정에 어떻게 반응할까? 하는 생각이 결정에 중요한 영향을 미칠 때, 그릇된 두려움에 기초해서 반응하고 있는 것이다.

기억해야 할 것은 두려움은 오래된 문제이고 많은 사람들이 겪는 문제라는 점이다. 오랫동안 가장 뛰어난 하나님의 사람들이 두려움과 싸워왔다. 지도자들은 두려움에서 예외가 아니다. 그러나 두려움을 극복하는 법을 배우고 전진해야 한다. 여기 두려움을 극복하고 지도할 수 있는 성경적인 전략을 몇 가지 소개한다.

| 두려움을 극복하는 전략

두려움을 극복하는 성경적인 전략에는 일곱 가지가 있다. 다시 말해서 용기를 배양하는 방법이다. 그 중 첫 번째가 가장 근본적인 것이고, 나머지는 순서가 있는 것은 아니고 두려움을 느낄 때 계속해서 사용할 수 있는 전략들이다.

1. 구원을 받아야 한다. 예수 그리스도의 구원이야말로 두려움을 극복하는 가장 근본적인 전략이다. 로마서 8장 15절은 더 넓은 맥락에서의 구원을 이렇게 말한다. "너희는 다시 두려워하는 종의 영을 받지 아니하고" 예수 안에서의 구원이 당신의 삶에서 죄의 능력을 단절한다. 죄는 여전히 이 세상에서 큰 힘을 발휘하지만 믿는 자인 우리들을 더 이상 통제하지 못한다. 예수님과의 이러한 영적인 관계와 이를 통한 자유 외에는 두려움을 대적할 수 있는 희망이 없다.

예수 그리스도의 구원 덕분에 우리는 여전히 두려움을 느끼면서도 두려움과 맞서 사람들을 인도할 수 있다. 모든 전략은 예수님과의 관계로부터 나온다. 이 관계가 없이는 모든 전략은 헛된 육신의 노고일 뿐이다. 두려움을 다루는 것은 영적인 전쟁이지 심리적인 조작이 아니다. 두려움에 직면하는 것은 우리 마음의 전쟁터에서 벌어지는 영적 전쟁이다.

로마서 8장 15절은 계속해서 이렇게 말한다. "너희는 다시 무서워하는 종의 영을 받지 아니하고 양자의 영을 받았으므로 우리가 아빠 아버지라고 부르짖느니라." 어떤 관계에는 특별한 권리가 따른다. 그리스도인으로서 우리는 하나님 아버지께 울부짖을 수 있다. 우리는 그분의 자녀들이다. 우리 아이들은 나와의 관계 때문에 특별한 권리가 있다. 밤이든 낮이든 언제든지 내게 전화할 수 있고 어떤 문제든 내게 도움을 청할 수 있다. 내가 가진 것들을 사용할 수 있고 언젠가는 유산을 상속할 것이다. 관계에는 특권이 따른다.

예수님을 통한 당신과 하나님 아버지의 관계는 당신이 그분의 자녀로서의 특권을 누릴 수 있게 해준다. 당신이 그리스도인이 되는 순간 두려움의 속박에서 벗어난 것이다. 두려움이 깨진 것은 아니지만, 두려움이 더 이상 당신을 통제할 수 없다. 당신의 구원은 이제 다른 여섯 가지 전략을 실행할 수 있게 해준다.

2. 하나님의 임재를 연습하라. 하나님은 우리 아버지시다. 지상의 아버지와는 달리 그는 언제든지 우리와 함께 하신다. 이 현실을 사는 것은 심리적 게임이 아니라 영적인 현실이다. 시편기자는 이렇게 썼다. "여호와는 내 편이시라 내가 두려워하지 아니하리니 사람이 내게 어찌할까"(시 118:6).

"하나님이 나와 함께 하신다. 나는 두려워하지 아니하리라"는 단순한 확신이야말로 자신이 혼자가 아니라는 것을 확인하게 해준다. 우리가 어려운 상황에서 혼자가 아니라는 것을 알면 특별히 위로가 된다. 우리 첫째 아들이 네 살 정도 되었을 때, 어느 토요일 밤에 교회에 간 적이 있었다. 불은 다 꺼져 있었다. 어두운 교회는 왠지 무서운 느낌을 주었다. 스위치가 반대편에 있었기 때문에 깜깜한 복도를 걸어가야 했다. 어둠 가운데 조심조심 걸어가는데 아들의 조그만 손이 내 손을 잡았다. 그 순간 내 마음이 안심이 되었다. 아들은 자기가 무서워서 내 손을 잡았겠지만 나는 단지 누군가가 내 옆에 있다는 사실만으로 너무 기뻤다.

때로는 불이 환히 켜진 교회도 무서운 곳이 될 수 있다. 그리고 예언자적인 설교를 해야 하고, 위원회 모임에서 어려운 결정을 내려야 할 때도 있다. 사랑하기 어려운 사람을 상담해 줘야 할 때도 있고 이사회에서 쟁론이 되는 문제를 다룰 때도, 스태프 모임이 전쟁터처럼 생각될 때도 있다. 이런 모든 상황에서 지도자들은 두려움을 느끼지만 그래도 어쨌든 지도를 해야만 한다.

하나님이 우리와 함께 하신다는 것을 기억할 때 두려움을 지니고서도 지도할 수 있다. 당신이 설교할 때, 어려운 모임을 인도할 때, 인간관계에 대한 상담을 할 때, 논쟁의 여지가 있는 결정을 내릴 때, 여러 할 일 중에서 어려운 선택을 해야 할 때, 하나님은 당신과 함께 하신다. 나는 하나님께서 나와 함께 하신다는 것을 확인시켜 주는 짧은 기도문을 반복한다. "아버지, 우리 이제 갑니다."

강조점은 "우리"에 있다. 나는 설교하려고 일어나기 전에 이 기도를 한다. 회의실에 들어가기 전에도 문고리를 붙잡고 기도한다. "아버지, 우리 이제 들어갑니다." 어려운 상황에 직면해야 할 때 나는 거의 언제나 이 기도를 한다. 나는 하나님께 나와 함께 해달라고 부탁하지 않는다. 그는 이미 나와 항상 함께 계신다. 이 기도는 내 관점을 바꾸어 주고, 두려움을 없애주고 내가 혼자가 아니라는 확신을 준다. 군인들은 전우들과 함께 전쟁터에 간다. 전우들은 같이 살아서 돌아갈 수 있도록 서로를 지켜주기로 헌신한 동지들이다. 하나님의 임재는 사역자들의 궁극적인 전우 체계다.

3. 진리로 두려움과 맞선다. "진리를 알지니 진리가 너희를 자유롭게 하리라"(요 8:32). 이 말씀은 여러 상황에서 많이 인용되는 말씀이다. 두려움에도 해당될까? 물론이다. 요한은 종종 구약의 이미지를 사용하여 진리와 빛을 함께 말한다(요 12:35-36). 예를 들어 시편을 보면 빛(진리) 가운데 걸어가는 것과 두려움을 극복하는 것을 연결시켜 말하고 있다. "여호와는 나의 빛이요 나의 구원이시니 내가 누구를 두려워하리요"(시 27:1).

답은 "아무도 두려워하지 않는다"는 것이다. 하나님은 우리가 걸어갈 수 있도록 빛(진리)을 주심으로써 두려움을 극복하게 해주신다. 많은 두려움들은 비합리적이거나 가상적인 적과 상황, 혹은 가능한 결과들에 대한 상상에서 나온다. "만약"이라는 괴물이 모든 지도자의 마음속에서 온갖 가능한 일들의 시나리오를 만들어 낸다. 만약 사람들이 나에게 화를 내면 어쩌나? 우리는 이미 엄청난 실수를 했는데 말이다. 이 프로젝트는 생각보다 훨씬 더 돈이 많이 들고 더 오래 걸린다.

두려움은 앞으로 일어날지도 모르는 일들에 대한 염려로 지도자들을 마비시킨다. 지도자들은 대안을 고려하고 가능한 결과들을 예측하고 그때그때 상황에 따라서 적절한 조치를 할 수 있어야 한다. 이런 것들이 지도자의 역할이다. 그러나 마음속으로 늘 걱정과 염려에 속이 불편하다면 결코 훌륭한 지도자가 될 수 없다. 지도자에게 두려움은 치명적이다.

두려움에 진리로 맞서는 것에는 두 가지 방법이 있다. **첫째**는 성경의 진리로 맞서는 것이다. 앞에서 말한 것과 같이 성경에 나오는 두려움에 대한 말씀을 암송한다. 당신과 하나님의 관계에서 소유한 영적 자원의 핵심을 상기시켜 주는 성경의 단락을 암송한다. 그러면 성경구절에 담긴 진리를 묵상함으로써 두려움에 관한 당신의 관점이 바뀔 수 있다.

둘째는 실제상황에 대한 진실을 가지고 두려움에 대항하는 것이다. 우리는 종종 앞으로 일어날 일들과 그렇게 되었을 때 얼마나 괴로울지를 끝없이 상상을 펼친다. 그럴 때 현실점검을 해야 한다. 일어날 수 있는 최악의 상황은 무엇인가? 일자리를 잃을 수도 있지만 다른 일자리를 구할 수 있을 것이다. 일부 친구들을 잃을 수도 있다. 그러나 또 새 친구들이 생길 것이다. 죽을지도 모른다! 그러나, 그렇게 되면 천국에 갈 것이다. 이런 말을 하는 것은 사역자들이 직면하는 결정들에서 오는 고통과 힘든 결과를 경시해서 하는 말이 아니다. 이를 통해서 우리가 받을 수 있는 손실을 올바르게 바라볼 수 있도록 하기 위해서이다. 하지만, 실제로 일어나는 일들은 대체로 우리가 상상하는 것만큼 나쁘지는 않다.

4. 열심히 기도한다. 앞에 말한 짧은 기도는 그때그때 도움은 되지만 두려움의 요새를 무너뜨리기 위해서는 더 많은 기도가 필요하다. "내가 여호와께 간구하매 내게 응답하시고 내 모든 두려움에서 나를 건지셨도다"(시 34:4). 때로는 두려운 상황이 한동안 계속될 수도 있다. 이런 상황은 우리를 한동안 시험한다. 두려움이라는 괴물은 한동안 죽은 것 같다가도 어느 순간 다시 살아난다.

한 젊은 목사의 이야기가 기도를 통해서 두려움을 극복한 좋은 본보기를 보여준다. 그는 사역에 대해서 많은 두려움을 가지고 있었다. 그의 아버지는 많은 어려움과 갈등을 겪은 교회들을 맡았었다. 사역을 하려고 생각할 때마다 자신과 가족에게 닥칠 일들에 대한 두려움으로 인해서 결단을 할 수가 없었다. 그는 이 두려움을 놓고 기도했다.

몇 달 동안 씨름을 한 끝에 그는 결국 사역에 헌신했고 지금은 성공적으로 잘 섬기고 있다. 그의 두려움은 어릴 때 아버지가 부정적인 상황을 겪는 것을 지켜보면서 생긴 뿌리 깊은 것이었다. 그가 두려움에서 벗어난 것은 아버지가 교회로부터 부당한 대우를 받았지만 한 번도 교회나 사역을 포기하신 적이 없다는 것을 깨달으면서부터였다. 그는 몇 달 동안 기도한 뒤 하나님께서 사역으로 부르시는 것에 응답할 능력을 주심을 깨닫게 되었다. 기도를 통해서 그는 두려움과 맞설 수 있는 깨달음을 얻었고 이를 넘어설 수 있었다.

시편기자가 "주를 찾으라"고 한 말은 평상시의 기도를 넘어서 간구하라는 것이다. 즉 끈질기게 기도하는 것을 의미한다. 때로 짧은 기도만으로도 필요한 응답을 받을 때가 있다. 그러나 두려움을 극복하는 것과 같은 문제는 더 장기적인 기도가 필요하다. 두려움의 요새를 부수는 데는 집중된 기도가 필요하기 때문이다. 성경 말씀에 기초해서 묵상하고 성령의 촉구에 민감히 반응할 때 두려움의 원인과 해결방법을 찾을 수 있다.

대륙의 반대편에 가서 개척 교회를 하는 것은 내게 긴 기도 시간이 필요한 두려운 경험이었다. 그 결정을 내리는 데 몇 달이 걸렸고, 나는 많은 낮과 밤을 기도로 보냈다. 가족에 대한 염려, 앞으로의 사역 기회가 제한되지 않을까 하는 걱정, 새 교회가 성공할 지의 여부, 만약 실패한다면 어쩌나 하는 우려, 경제적인 문제, 임신한 아내의 건강, 다른 문화에 적응할 수 있을지, 그리고 양가 부모님들이 과연 우리를 이해해 줄 것인지 등등.

이 중 한 가지 문제를 놓고 기도하면 또 다른 문제가 등장하곤 했다. 하나님께서 우리 가족이 적응하는 문제에 대해 확신을 주신 순간, 경제적인 문제에 대한 두려움이 엄습해왔다. 이 문제가 해결되자 교회가 과연 성공할 것인지 하는 문제가 떠올랐다. 이 문제들에 대한 해답을 받고 안심이 되자 아내의 건강 문제가 전면으로 나타났다. 당신도 이런 경험이 있을 것이다. 두려움은 하나를 해결하면 연이어 또 다른 추한 얼굴을 내밀어서 나로 하여금 편안한 교회의 안전한 목사직에 머물러 있으라고 설득을 했다.

하지만 하나님께서는 나를 위해 다른 계획을 갖고 계셨다. 기도를 통해 하나씩 두려움을 없앨 수 있었다. 하나님은 우리에게 옳은 결정을 내릴 수 있는 용기를 주셨다. 우리 가족은 새 환경에서 행복했고, 교회 개척은 성공했고, 우리는 새로운 문화에 잘 적응했고, 아내는 건강한 아들을 낳았다!

당신의 가장 깊은 가장 끈질긴 두려움에 대해서 끈질기게 기도하라!

5. 믿음으로 행하라. 앞에서 말한 몇몇 성경의 인물들에게 하나님은 두려워 말라고 말씀하셨다. 좋은 소식은 당신처럼 두려워하는 지도자들이 많다는 것이다. 이 지도자들로부터 배울 수 있는 한 가지 전략은 여전히 두려운 가운데 믿음으로 행하는 것이다.

야고보서 2장 17절은 "행함이 없는 믿음은 죽은 것"이라고 말한다.

지도자들은 믿음으로 행해야 한다. 모든 두려움에서 완전히 자유로울 수는 없다. 진리로 대적하고 기도하며 하나님의 임재하심을 느끼더라도 여전히 두려울 수 있다. 어떤 두려움은 두려움을 느끼면서도 이를 무시하고 행동을 취할 때 비로소 사라진다.

구약의 선지자 에스라는 이 원리를 극적으로 보여준다. 성전 재건을 방해하는 적들에 둘러싸인 에스라는 희생제사를 다시 회복한다. "무리가 모든 나라 백성을 두려워하였음에도 불구하고(한국어 성경은 두려워하여) 제단을 그 터에 세우고 그 위에서 아침 저녁으로 여호와께 번제를 드리며." 때로 지도자들은 두려움을 안고 행동을 취해야 한다. 두려움이 사라질 때까지 기다린다는 것은 지도자로서 담대하게 행하지 못한다는 것을 의미할 수 있다.

두려움 앞에서 담대히 행할 때 놀라운 결과가 일어난다. 두려움이 물러간다. 내가 이것을 처음 경험한 것은 사람들에게 복음을 전하는 법을 배울 때였다. 나는 사람들에게 예수님을 전하는 것에 대해서 큰 불안을 느꼈다. 내가 대답할 수 없는 질문을 하면 어떻게 하나? 상대방이 화를 내면 어떻게 하나? 주님을 거부하면 어떻게 하나? 어떻게 하나? … 수도 없는 걱정이 나를 사로잡았다.

그런데 한 친구가 두려움을 극복할 수 있게 해주었다. 그는 누구나 다 전도할 때는 두려움을 느끼며 그 두려움은 없어지지 않을 것이라고 말했다. 그렇다면 어떻게 해야 하나? 무조건 전도를 하면 두려움이 없어진다는 거였다. 그는 나를 집집마다 방문하는 전도대에 데리고 갔다. 그리고 내가 두려워함에도 불구하고 몇 번 내게 복음을 전하도록 했다. 몇 달 뒤 그가 다른 곳으로 이사를 가게 되어 내가 그 프로그램을 맡게 되었다. 그 후로 여러 해 동안 나는 교회 지도자로서 정기적으로 집집마다 방문해서 전도를 했고 또 공적인 집회에서도 복음을 전했다. 지금도 약간은 불안하지만 무조건 나의 믿음을 나눈다. 그러면 예수님에 관해 말하는 영적인 능력 속에 두려움은 사라져 버린다. 같은 일이 또다른 두려운 상황에서도 일어난다. 비판적인 사람을 만나고, 어려운 인사 결정을 내리고, 어려운 모임에 나가야 할 때 두려움이 앞선다. 하지만 우리가 상상하는 나쁜 일들은 실제로는 일어나지 않는다. 두려움에 마비되어선 안 된다. 목적을 가지고 앞으로 나아가야 한다. 하나님을 신뢰하고 믿음으로 행할 때 두려움은 쫓겨나간다.

6. 하나님의 사랑을 즐기자. 우리는 결혼하면서부터 어디로 이사를 가든지 늘 침실 벽에 걸어놓은 성경구절 액자가 있다. "사랑 안에 두려움이 없고 온전한 사랑이 두려움을 내쫓나니 두려움에는 형벌이 있음이라"(요일 4:18). 이 말씀은 사랑이 두려움을 내쫓는다는 것을 상기시켜 준다. 결혼관계에서만이 아니라 다른 중요한 관계에서도 사랑은 두려움을 이긴다.

우리가 두려워하는 것에는 형벌이 포함되어 있다. 두려움은 종종 성과에 대한 기대에 뿌리를 두고 있다. 우리가 한 일의 성과가 어떤 일정한 기준에 미치지 못할 때 비판을 받을까봐 두려워하는 것이다. 하나님은 당신과 그런 식으로 관계를 맺지 않으신다. 하나님은 당신을 사랑하신다. 아무런 다른 조건이 없다.

그렇다면 이런 악마와 같은 생각은 어디서 나온 것일까? 악한 영은 어떻게 해서든지 우리를 깎아내리기에 혈안이 되어 있다. 우리가 예수님 안에 나타난 하나님의 사랑을 알게 되었으므로 다시는 그의 사랑을 의심하지 않을 것이라고 기대할 수 있다. 하지만 그렇지가 않다. 사역자들은 여전히 하나님의 사랑을 의심할 수 있다. 그렇게 드러내놓고 말로 하는 일은 결코 없겠지만 행동에서 분명히 드러난다.

사역자들 중에는 여전히 자기의 가치를 증명하기 위해서 일하고, 자기의 가치를 드러내기 위해 안간힘을 쓰고, 다른 사람들이 우리에 대해 뭐라고 말하고 생각하는가에 따라 자존감이 좌우되고, 건물이나 예산이나 침(세)례 받은 사람의 숫자와 같은 외형적인 것으로 우리의 성공을 측정하는 사람들이 있다. 이것은 하나님의 사랑을 부인하는 행위이다. 하나님의 사랑을 아는 것은 하나님과의 관계로 인해 자기가 가치가 있다고 느끼고, 하나님의 용납하심 안에서 안전과 안식을 누리는 것이다.

자기가 부과한 정신적인 형벌의 이름이 바로 "저주"다. 많은 지도자들이 두려움의 형벌을 받고 있다. 자기가 결코 성공할 수 없다고 생각하거나 어떤 기준에 도달할 수 없다고 생각하는 지도자들은 두려움이 낳는 내적인 저주의 희생자들이다. 이런 저주의 요새가 불안정한 지도자들을 몰고 가는 깊은 상처다.

답은 하나님의 사랑을 즐기는 것이다. 즐긴다는 말이 하나님의 사랑에 대한 경험을 표현하기에 부적절하다고 생각할지도 모른다. 우리는 우리 자신이 얼마나 자격이 없고, 하나님은 얼마나 은혜로우신가, 그러므로 우리는 하나님의 은혜를 아껴야 한다는 식으로 생각하는 경향이 있다. 다시 말해서 하나님의 은혜가 좋긴 하지만 조금씩 써야지 다 써버

려서 고갈시키면 안 된다고 생각한다.

그러나 하나님의 사랑은 무한하다. 그것을 즐겨야 한다. 춤추고 노래하자. 우물에서 마음껏 물을 마시자. 하나님의 사랑에 깊이 잠기자. 하나님의 사랑은 완전하며, 완전한 사랑은 두려움을 몰아낸다. 우리가 온전히 즐기기만 한다면 정말로 그렇다. 하나님의 사랑 안에 편안하게 거할 때 저주는 끊어지고 형벌도 멈추고 두려움은 사라진다.

7. 하나님의 법에 순종한다. 하나님의 사랑을 즐기는 것으로부터 하나님의 법을 순종하는 것으로 넘어가는 것은 갑자기 방향과 시각을 바꾸는 것처럼 보일지도 모른다. 그러나 그렇지 않다. 하나님의 법과 명령과 가르침은 모두 하나님의 사랑의 확실한 표현이다. 하나님은 우리에게 무엇이 좋은지 아시고 분명히 가르쳐 주신다. 중요한 것들은 우리가 모르고 추측할 필요가 없도록 확실히 알려주신다. 하나님은 그 백성이 축복 받기를 원하시기 때문에 어떤 행동들은 용납하면 안 된다고 분명히 말씀해 주시는 것이다.

구약과 신약 모두 하나님을 불순종한 결과가 얼마나 무서운 것인지 경고하고 있다. 하나님은 레위기 26장 15~16절에서 이렇게 말씀하셨다. "내 규례를 멸시하며 마음에 내 법도를 싫어하여 내 모든 계명을 준행하지 아니하며 내 언약을 배반할진대 내가 이같이 너희에게 행하리니 곧 내가 너희에게 놀라운 재앙을 내려 폐병과 열병으로 눈이 어둡고 생명이 쇠약하게 할 것이요 너희가 파종한 것은 헛되리니 너희의 대적이 그것을 먹을 것임이며." 히브리서 10장 26~27절에서도 같은 말씀을 하셨다. "우리가 진리를 아는 지식을 받은 후 짐짓 죄를 범한즉 다시 속죄

하는 제사가 없고 오직 무서운 마음으로 심판을 기다리는 것과 대적하는 자를 태울 맹렬한 불만 있으리라." 의도적으로 하나님께 불순종하는 사람들은 무섭고 두려운 마음으로 심판을 기다리게 된다.

많은 지도자들이 순종만 하면 극복할 수 있는 두려움에 지금도 떨고 있다. 순종하는 사람들은 돈을 훔치다가 들킬까봐 두려워할 필요가 없다. 아무것도 훔치지 않았기 때문이다. 재정적인 문제에 있어서 순종하면 빚쟁이들을 염려할 필요가 없다. 수입의 한도 내에서 살고 빚을 지지 않기 때문이다. 하나님께서는 많은 문제들에 대해서 분명하게 가르쳐주셨다. 하나님께 순종하면 두려울 것이 없다.

하나님께서 분명히 가르쳐 주신 것에 순종할 때 대부분의 두려움은 당신과 상관 없는 것이 된다. 이빨 빠진 호랑이처럼 두려움이 포효를 하더라도 물 수는 없다. 당신이 순종할 때 두려운 상황이 완전히 변화하는 것을 경험할 수 있다. 하나님께 순종해야 한다. 하나님의 보호하시는 날개 안으로 들어가서 하나님께서 하라고 하신 것과 하지 말라고 하신 대로 순종하라. 하나님께서 확실히 말씀하신 것에 대해 순종하며 안전하고 염려 없는 상태를 즐겨야 한다. 불순종은 무섭고 두려운 심판을 가져온다. 당신이 알면서도 하나님께 불순종하고 있다면 당신은 두려워해야 한다! 하나님께 회개하고 순종하기 전에는 아무것도 당신을 도울 수 없다.

용기 있는 결단

> 그렇게 하지 아니하실지라도 왕이여 우리가 왕의 신들을 섬기지도 아니하고 왕이 세우신 금 신상에게 절하지도 아니할 줄을 아옵소서

사역자들이 두려움을 이겨야 하는 것은 사역을 하다 보면 용기 있는 결단이 필요한 경우가 많이 있기 때문이다. 결정을 내리고 패러다임을 바꾸고 새로운 사업을 시작하고 예언자적인 설교를 하고 여러 사람 앞에서 자기를 드러내는 것 등 모두 용기를 필요로 한다. 게다가 이런 몇 가지 상황이 겹쳐서 동시에 일어나는 경우도 흔히 있다.

결정을 하는 것은 지도자들이 하는 중요한 역할이다. 이것은 분명한 사실이지만 놀랍게도 많은 지도자들이 결정하기를 어려워한다. 매일 상황을 분석하고 최선의 결정을 내리는 것이 얼마나 어려운지 모든 지도자들이 체험하고 있다. 제한된 정보와 제한된 시간 안에서 결정을 내려야 한다. 모든 사실을 다 알지 못한 상태에서 다만 알고 있는 것만 가지고 결정을 해야 한다. 이것은 어려운 일이다. 제한된 시간 때문에 더 이상 알아볼 시간이 없을 경우에는 더욱 그렇다.

지도자들은 종종 "최선의 추측"에 의거해서 결정을 내린다. 우리는 마냥 결정을 미루는 사치를 누릴 수 없기 때문에 마감 시간 안에 맞추어서 결정을 내린다. 실패할 때도 있고 성공할 때도 있고, 현명한 결정을 내릴 때도 있고 잘못된 결정을 내릴 때도 있다. 어떤 결정들은 일상적인 것들이고 그렇게 큰 영향을 미치지 않는다. 그러나 더 중요한 결정들도

있다. 이런 결정은 우리의 판단력과 명예가 달려 있고 공적인 결과를 낳기 때문에 큰 용기가 필요하다.

드물지만 아주 중요한 문제에 관해 용기 있는 입장을 취해야 하는 극적인 순간들도 있다. 한 목사는 그 교회의 지도자들이 비밀리에 백인 우월주의 모임에 가담하고 있다는 사실을 알게 되었을 때 중대한 조치를 했다. 어떤 사역자는 자기가 속한 조직의 재정적인 비리를 폭로했다는 이유로 해고되었다. 그 후 그 조직은 경영 부실로 도산했다. 한 집사는 교인들에게 인기가 있던 목사가 교회 재정을 축내고 있다는 사실을 발견하고 이를 공개했다. 한 목사는 사랑받는 찬양 지도자가 외설물을 보고 있다는 이유로 해직을 한 뒤, 그 젊은이가 치료 프로그램에 참여할 수 있게 교회가 비용을 지원해야 한다고 주장하여 더욱더 비판을 받았다.

사역자들은 공적인 문제들에 대해서도 용기 있는 입장을 취해야 한다. 낙태나 동성애, 혼외의 관계, 성교육 등등의 문제가 다 사역자들이 지도를 해야 하는 영역이다.

용기 있는 행동의 가장 좋은 예는 용광로 안에 들어간 세 명의 젊은 이들이다(단 3장). 느부갓네살 왕은 금으로 거대한 신상을 만들고 모든 사람이 거기에 절하여 예배를 해야 한다고 명령을 내렸다. 사드락과 메삭과 아벳느고 이 세 사람은 이를 거부하여 풀무불에 던져졌다. 그러나 하나님께서 이들을 보호하셨고 이들을 살아서 나오게 하셨다. 이것은 해피엔딩으로 끝나는 좋은 소식이다.

그러나 그들이 풀무불 속으로 들어갈 때 살아서 나오리라는 보장은 없었다. 보호를 받으리라는 것을 알고 들어간 것이 아니었다. 그렇게 하는 것이 옳다는 것을 알았기 때문에 그렇게 한 것이다. 그들은 이 점을 왕에게 분명히 했다. "왕이여 우리가 섬기는 하나님이 계시다면 우리를 맹렬히 타는 풀무불 가운데에서 능히 건져내시겠고 왕의 손에서도 건져내시리이다 그렇게 하지 아니하실지라도 왕이여 우리가 왕의 신들을 섬기지도 아니하고 왕이 세우신 금 신상에게 절하지도 아니할 줄을 아옵소서"(단 3:17-18).

이 이야기는 용기 있는 결단의 몇 가지 요소를 보여준다. 첫째로 가치 있는 문제를 선택해야 한다. 일시적인 기분, 기호, 관점, 원칙, 확신, 법 사이의 차이를 구분해야 한다. 둘째로 이런 입장을 취하는 일이 정말 중대한 일인지를 확인해야 한다. "이것이 내가 죽기를 원하는 언덕인가?" 자문해 본다. 모든 문제에 대해서 용기 있는 태도를 취할 필요는 없다. 타협할 수 있는 문제들도 있다. 셋째로 당신의 행동과 그 결과에 대해 책임을 져야 한다. 용기 있는 자들은 결과를 불문하고 행동한다. 나중에 꼬리를 감추는 것은 미련한 자들의 행동이다. 넷째로 고난 받을 각오를 해야 한다. 하나님은 용감한 입장에 선 자들을 다 건져주신다고 약속하지는 않으셨다. 바울이 빌립보에서 옥에 갇혔을 때 하나님은 지진을 일으키셔서 구해주셨다(행 16:26). 그러나 그 후에는 감옥에서 2년 동안이나 기다려야 했다(행 24:27). 하나님은 우리를 구해주실 의무가 있는 것이 아니며 용감한 지도자들을 항상 건져주시는 것은 아니다. 하나님은 지도자들에게 고통을 허락하신다.

용감한 행동은 우리를 마비시키는 두려움을 대적하는 것에서 시작된다. 여기서 말한 전략을 가지고 두려움을 대적할 때 용기가 자랄 것이다. 용기가 자람에 따라 하나님께서는 더 큰 용기가 필요한 일들을 주신다. 지도자로서 오래 섬길수록 더 어려운 상황을 허락하신다. 올바른 선택을 하는 것은 값비싼 대가를 치러야 하는 일이다. 그러나 그런 결정적인 순간에 두려움으로 그릇된 선택을 하지 않도록 해야 한다.

하나님께서 대개는 우리를 구해 주시지만 만약에 구해 주지 않으시고 최악의 사태가 벌어진다면 어떻게 할 것인가? 그때는 바울처럼 "이는 내게 사는 것이 그리스도니 죽는 것도 유익함이라"(빌 1:21)고 말할 수 있다. 우리에게 일어날 수 있는 최악의 사태는 천국에 가는 것이다!

10장

하나님의 사랑으로 열정 지속하기

내가 처음 목사가 되었을 때 목사들의 점심 모임에 간 적이 있었다. 나는 한 연세 드신 목사님의 맞은편에 앉게 되었다. 다들 나를 반갑게 맞아주고 자기 가족들과 사역에 관한 경험을 이야기해 주었다. 그러던 중 누군가가 내게 교회에 대한 비전이 뭐냐고 물었다. 나는 열정적으로 우리 교회와 지역사회에 대한 포부를 밝혔다. 나는 전도 계획과 교회 시설 확장과 이전 계획에 대해서, 또 우리 교인들이 교회의 성장에 대해 얼마나 지지하고 있는지 힘을 주어 말했다.

    그리고 나는 이렇게 말을 맺었다. "하나님께서 제게 주신 비전과 미래를 생각하면 정말 흥분됩니다." 식탁 맞은편에 앉아 계시던 목사님은 마침내 단 한 마디를 하셨다. "그 단계를 지나가게 될 겁니다."

    그분의 처진 어깨와 찡그린 채 굳어진 얼굴이 그분이 하신 말씀의 뜻을 더욱 명확하게 해주고 있었다. 그분이 사역에 대한 모든 열정과 열심을 잃어버렸다는 것은 분명한 일이었다. 그는 두드려 맞고 패배했다. 그가 사역을 시작했던 열정은 모두 사라지고 없었다. 그 자리를 떠나면서 나는 이렇게 기도했다. "하나님, 그런 일이 일어나지 않게 해주세요."

지금까지는 그런 일이 일어나지 않았다. 하지만 하나님은 나의 사역에 대한 흥미를 사역에 대한 열정으로 바꾸어 주셨다. 흥미와 열정은 큰 차이가 있다. 흥미는 모든 감정과 마찬가지로 밀물과 썰물이 있다. 그러나 열정은 감정보다 깊다. 열정은 하나님이 사역에 불을 붙이시는 지속적인 힘이다. 세월이 지나면서 하나님께서 어떻게 불을 붙이시는지를 깨닫게 되었다.

열정(passion)은 동정(compassion)을 의미한다

> 사역의 열정을 유지하는 것은 사람들을 있는 그대로 보는 데서 나온다. 이것은 우리의 관점을 바꿔준다.

열정이라는 말은 재미있는 말이다. 현대사회에서 열정은 긍정적인 의미로 주로 사용된다. 그러나 신약에서는 주로 부정적인 의미로 많이 사용되었다. 이 말은 정욕이나 악한 욕망과 같은 저급한 열정과 관련되어 쓰인다. 신약에서 열정과 더 가까운 말은 동정(compassion)이다.

동정(compassion)의 문자적인 의미는 '뱃속이 울렁인다', '애간장이 녹는다'는 뜻이다. 1세기에는 심장이 아니라 장(腸)이 생명의 중심 기관이었다. 성경적인 의미의 사랑은 사람을 행동하게 하는 깊은 동기를 말한다. 동정은 한 사람의 핵심적인 가치관, 행동을 촉구하는 핵심적인 동기이다. 현대에 와서는 동정이라는 말이 남들의 고통이나 불행에 대한 더욱 감정적인 반응을 뜻하게 되었다.

모든 지도자들은 동정심이 있어야 한다. 위로가 필요한 상황에 놓인 사람들과 진실되게 공감하고 감정적으로 지원해 주는 것은 지도자 역할의 중요한 일부분이다. 이것이 오늘날 동정의 전형적인 의미다. 이것도 중요하지만 사역의 지속적인 열정과는 다르다. 현대적인 의미의 동정이 아니라 성경적인 의미의 동정이 사역에 대한 지속적인 열정과 관련이 있다.

| 최상의 모델

동정의 가장 좋은 모델, 또는 사역을 위한 지속적인 열정의 모델은 예수님이시다. 마태복음 9장 35~36절을 보면 예수님께서 *"무리를 보고 불쌍히 여기셨다"*고 되어 있다. 이 말씀은 예수님의 사역을 요약해서 한 말이다. 이 말씀은 어떻게 해야 사역을 위한 지속적인 열정을 가질 수 있는지를 이해하는 데 도움을 주는 말씀이다.

예수께서는 진정으로 사람들과 관계를 맺으셨다. 마태는 이렇게 기록했다. "예수께서 모든 도시와 마을에 두루 다니사 그들의 회당에서 가르치시며 천국 복음을 전파하시며 모든 병과 모든 약한 것을 고치시니라." 즉 예수께서는 사람들과 많은 시간을 같이 보내셨다.

성경에는 며칠이나 몇 주, 혹은 몇 달에 걸친 사역을 단 몇 마디로 짧게 요약한 말들이 많이 있다. 예수께서 "모든 도시와 마을에 두루 다니셨다." 얼마나 걸렸을지 생각해 본 적이 있는가? 예수께서는 걷거나 나귀 같은 느린 동물들을 타고 다니셨다. 예수께서는 사람들이 살고 일하고 예배드리는 곳에 가셔서 그들과 함께 하셨다.

예수님은 가르치고 설교하는 데도 시간을 쓰셨다. 이것은 많은 시간이 걸린다. 예수께서는 또한 병을 고치는 데도 많은 시간을 보내셨다. 대부분의 경우 예수님은 사람들을 만지시며 고쳐주셨다. 예수님은 사람들과 관계를 맺으셨으며 사람들과 시간을 보내셨다. 예수님은 각 사람을 아시고 개인적으로 한 사람씩 사역하셨다.

예수님은 사람들을 있는 그대로 보셨다. 마태는 또 이렇게 말한다. "무리를 보고 불쌍히 여기시니 이는 그들이 목자 없는 양과 같이 고생하며 기진함이라." 예수님은 그들을 있는 그대로의 모습으로 보셨고 겉모습이나 그들이 보이고 싶어하는 모습으로 보지 않으셨다. 예수님은 그냥 얼굴 없는 군중을 보시지 않고 그들을 지치고 상처받고 의지할 데 없는 개개인들로 보셨다.

이 말씀 앞의 내용은 예수님이 개개인에게 한 사역의 기록을 담고 있다. 예수님은 중풍병자를 고치시고 마태를 부르시고, 바리새인들과 요한의 제자들의 질문에 답하시고 한 관리의 어린 딸을 살리시고, 맹인의 눈을 뜨게 하시며 귀신을 쫓아내셨다. 예수님은 군중을 개인적으로 특수한 필요를 가진 개개인의 집단으로 보셨다. 예수님은 "다 치료되었다"고 말씀하실 수도 있었고, 그렇게 하셨어도 틀림없이 다 그대로 되었을 것이다. 그러나 예수님은 그렇게 하지 않으셨다. 예수님은 사람들을 개별적으로 대하셨다.

사역의 열정을 유지하는 것은 사람들을 있는 그대로 보는 데서 나온다. 이것은 우리의 관점을 바꿔준다. 나의 첫째 아들이 십대 청소년일 때 심오한 말로 나에게 이것을 가르쳐 주었다. 우리는 나체로 춤을 추는 것이 도덕적인가? 하는 문제를 놓고 토론을 하고 있었다. 그는 그런 춤을 봐도 괜찮은 이유를 댔다. 친구들한테 들은 말이었다.

그의 결함 있는 논리를 다 들은 후, 나는 그의 주장을 일일이 반박할 준비가 되어 있었다. 나는 아주 많은 이유들을 댈 수 있었다. 그러나 그래선 안 된다는 것을 깨달았다. 대신 나는 낮은 목소리로 이렇게 말했다. "얘야, 그런 걸 보면 안 되는 이유는 그 사람들이 다 누군가의 딸이고, 누군가의 여동생이기 때문이야. 그 사람들은 정욕의 대상이 아니고 진짜 사람들이야." 그러자 아들은 몇 초 동안 생각하더니 이렇게 말했다. "맞아요, 아빠. 사람들을 있는 그대로 보면 모든 것이 다르게 보여요."

바로 그렇다. 우리가 사람들을 죄인들의 집단으로, 진이 빠지게 하는 무리로, 밑빠진 독으로, 혹은 당신을 지원하기 위해서 존재하는 교회 회원들로 본다면, 그들을 동정심을 가지고 볼 수도 없고 그들을 섬길 지속적인 열정도 가질 수 없다. 그러나 사람들을 있는 그대로 보면 당신의 깊은 곳에서 동정심이 생긴다. 예수님의 영이 당신 안에 살고 계신데 어떻게 달리 반응할 수 있겠는가?

사람들을 포용하면 열정이 지속된다

> 사람들을 보는 시각을 바꾸는 것이 사역에 대한 열정을 잃지 않는 비결이다.

열정을 유지하는 데 가장 중요한 것은 사람들과 관계를 맺고 그들을 있는 그대로 보는 것이다. 급진적인 여성주의자가 항의를 하는 것을 볼 때, 당신은 정치적인 광신자로 보는가? 아니면 분노하고 학대받은 경험이 있었을, 깊은 감정적 필요를 가진 여인으로 보는가? 부를 좇느라 가정을 소홀히 하는 사업가를 볼 때는 "저렇게 미련할 수가?" 하고 생각하는가? 아니면 "무엇이 저 사람을 저토록 불안정에 쫓기게 할까?"라고 생각하는가? 길거리에서 문신을 하고 신체 여기저기에 구멍을 뚫고 장신구를 단 십대 아이들을 볼 때 당신은 혀를 차면서 저렇게 재능을 낭비하면 안 된다고 생각하는가? 아니면 절망적으로 용납되기를 바라고 공동체를 원하는 사람의 고통을 보는가?

그들의 동기가 불순하다거나 그들의 행동이 틀렸다는 말을 하려는 것이 아니다. 내가 하고 싶은 말은 우리의 판단을 재고해 봐야 한다는 것이다. 당신은 당신과 다른 사람을 자동적으로 정죄하면서 최악의 경우를 상상하는가? 만약 그렇다면 사역을 향한 열정을 잃어버리고 있는 것이다. 예수님이 보시는 것처럼 당신 자신과 다른 사람들을 본다면 그들을 향한 동정심이 넘치게 될 것이다.

사람들을 보는 시각을 바꾸는 것이 사역에 대한 열정을 잃지 않는 비결이다. 여기에 예수님이 보시는 것처럼 사람을 보는 데 도움이 되는 방법을 소개한다.

| 사람들을 있는 그대로 받아들인다

이것은 가장 기본적인 것이지만 소홀히 하게 되는 훈련이다. 우리는 사람들에게 그들 이상이기를 기대하며 우리를 실망시킬 때 화를 낸다. 우리는 사람들을 있는 그대로가 아니라 우리가 원하는 기준을 가지고 대한다. 우리는 사람들에게 너무 많은 것을 기대한다. 그러나 그렇게 할 때 반드시 실망하게 된다.

사역자들은 사람을 개발하는 사람들이다. 우리는 사람들이 성장하고 나아지고 변화되기를 바란다. 그리고 실제로 사람들은 변화한다! 그러나 그렇다고 해서 그들의 짐이 없어지는 것은 아니다. 사람들은 가끔씩 도약하듯 성장하며 우리가 잴 수 있고 그림을 그릴 수 있도록 순조롭게 자라지 않는다. 우리는 사람들이 죄 된 속성을 따라 행동할 때 좌절하게 된다. 우리는 사람들은 정말로 죄인이며 자연적으로 그렇게 행동할 수밖에 없다는 사실을 망각한다.

사람들은 지력과 재능과 헌신의 정도와 잠재력이 다 다르다. 우리가 아무리 뛰어난 지도력을 발휘한다고 해도 모든 사람이 모든 영역에서 뛰어난 재능을 발휘할 수는 없다. 만약 그렇게 생각한다면 꿈을 꾸고 있는 것이다. 실망하고 환멸을 느낄 준비를 해야 한다. 기독교 신자에 대한 당신의 시각에 따라 그들이 실패했을 때의 당신 반응이 결정된다. 당신은 그들을 높은 자리에 올려놓고 보는가, 아니면 보다 현실적으로, 구원을 받았지만 결함이 있는 죄인들로 보는가?

한 십대 소녀가 성적인 순결에 관한 청소년 수양회에 참석했다. 이틀 동안 도덕적인 삶에 대해서 그리고 어떻게 유혹과 압력에 대처해야 하는지를 배웠다. 그리고 마지막에 자신의 도덕적인 가치를 지키겠다는 진지한 헌신을 하고 집으로 돌아갔다.

그런데 몇 달 뒤 이 소녀는 임신을 했다. 그녀는 완전히 절망에 빠졌다. 나를 만나서 자기가 임신한 사실을 털어놓으며 "나를 실망시켜서" 죄송하다고 사과를 했다. 나도 내가 얼마나 실망했는지를 문제 삼을 수 있었다. 나의 가르침을 무시하고 교회를 망신시키고 우리 교회의 청소년 사역에 큰 문제를 일으켰다. 그러나 그 아이 역시 너무나 많은 것을 잃었다. 순결과 미래의 계획, 부모의 존중, 친구들과의 관계, 고등학교의 경험 등등. 그러나 내가 얼마나 실망했는가는 중요한 것이 아니었다. 진짜 문제는 그 아이가 임신을 했고 최선의 방법을 강구해야 한다는 사실이었다. 그 아이의 행위가 나의 목사로서의 성공을 좌우하는 것은 아니다. 이 사실을 아는 것이 대단히 중요하다.

이는 또한 우리가 복음을 전하고자 하는 열정을 유지할 수 있게 해준다. 오랫동안 나는 취미로 야구 심판을 해왔다. 심판을 같이 하는 친구들이 나의 중요한 전도대상자들이었다. 심판들에 대한 당신의 인상은 무엇인가? 율법주의자? 고집 세고 논쟁을 잘하는 촌뜨기? 자기 마음대로 해야 직성이 풀리는 사람? 혹은 이 모든 것? 개중에는 이런 사람들도 물론 있다. 그러나 감사하게도 대부분은 그렇지 않다. 이 사람들은 내가 가장 친구가 되기를 원하는 사람들이다.

우리는 그들이 쓰는 속된 말들과 교만, 허세로 인해서 뒤로 물러서기 쉽다. 그러나 나는 이런 연막에 쉽게 물러서지 않는다. 나는 심판 친구들을 있는 그대로 본다. 나는 그들의 강해 보이는 외면 뒤의 상처들을 본다. 나는 상처받은 결혼과 스트레스를 풀기 위해 술과 담배에 빠진 사람들, 친밀한 관계에 대한 두려움 때문에 귀에 거슬리는 농담을 하는 사람들을 본다. 그들을 있는 그대로 보면 복음을 전해야겠다는 열정이 일어난다. 그들이 자신의 죄 된 본성을 행동으로 옮길 때 나는 실망하지 않는다. 나는 그것을 인정하고 있는 그대로 받아들인다.

믿지도 않는 사람에게 훈련된 행동을 기대하는 것은 비난받을 만한 잘못이다. 사람들을 있는 그대로 받아들이는 영적 감정적 훈련을 개발해야 한다. 사람들에게서 선을 기대하되 가끔씩 나쁜 점들이 튀어나올 것을 감안해야 한다. 대부분의 사람들은 최선을 다해서 인생을 살고 있다. 아침에 일어나서 "오늘은 어떻게 어리석게 살 수 있을까? 어떻게 해야 내 인생이 망할까?" 이렇게 생각하는 사람은 없다. 사람들을 있는 그대로 받아들이고 당신이 원하는 기준과 기대로 바라보지 말아야 한다.

| 사람들을 이해하기

사람들을 포용하는 두 번째 부분은 사람들을 그들의 입장에서 보는 것이다. 예수님은 사람들의 집과 회당 및 공적인 장소로 가셔서 그 모범을 보이셨다. 사람들에 대한 열정을 갖고자 하는 지도자들은 뛰어들어야 한다. 고립된 사역의 상아탑을 떠나서 사람이 있는 곳으로 가야 한다. 자기 사무실에 앉아서 사람들을 잘 지도할 수 있는 지도자는 아무도 없다. 컴퓨터를 끄고 사람들과 어울려야 한다.

한 목사는 토요일 아침마다 두 시간 동안 방문 전도를 했다. 일요일 아침에 설교하기 위한 마음의 준비를 하기 위해서였다. 집집마다 방문해서 사람들이 어떻게 사는지를 보고, 그들의 문제를 듣고, 가족을 관찰함으로써 그는 엄청나게 많은 것을 얻을 수 있었다. 사람들의 생활에 대해서 상상하거나 바라는 것이 아니라 정말로 어떻게 사는지를 알게 된 것이다.

그러나 가정을 방문하는 것이 유일한 방법은 아니다. 몇 해 전 나는 여성들의 사교 모임의 성경공부에 강사로 초대를 받은 적이 있었다. 여러 교단의 사람들이 함께 모여서 약 일 년 동안 꾸준히 성경공부를 해오고 있었는데 마침 그들은 사도행전을 공부하는 중이어서, 사도행전과 관련된 자신들의 질문들을 적어서 보내 주었다. 그들의 질문들 중에는 전문적인 것도 있고 어려운 것들도 있어서 나는 그들의 질문에 답하기 위해서 성경주석을 찾아봐야만 했다.

시간이 가면서 나는 이들과 한 달에 한 번 질의문답 시간을 갖게 되었다. 크리스마스가 되자 그들은 남편들도 참석하는 파티에 나를 초대했다. 대부분의 남편들은 불신자들이었다. 그들은 영적인 문제에 대해 거의 관심이 없었고 사업에만 몰두하는 사람들이었다. 자매들은 남편들이 파티에서 술을 마시는 것을 보고 내가 언짢아할까봐 걱정을 했다.

왜 언짢겠는가? 내게는 아주 쉬운 결정이었다. 나는 파티에 갔다. 나는 그 남편들을 그들의 입장에서, 그들의 위치에서 만났다. 그들을 만나고 그들에 대해서 알게 되고 그들이 무엇 때문에 예수님께 헌신하지 못하고 있는지를 이해하게 되면서 나는 이들에 대한 열정이 생겼다. 몇 달 뒤 그들 중 한 명이 예수님을 믿었다.

만약 내가 그들의 입장에서, 그들의 자리에서 만나고자 하지 않았다면 어떻게 됐을까? 그들을 만나기 전까지 나는 그들의 이름도 몰랐다. 그러나 그들을 만나고 나자 그 사람들은 내게 깊은 관심의 대상자가 되었다. 나는 그들에게 예수님을 전해야겠다는 절박한 심정이 되었다. 사람들이 있는 곳으로 나가서 그들에 대해서 알고 그들의 입장에서 삶을 바라볼 때 열정이 생기고 유지된다.

│ 사람들의 필요를 채우라

사람들을 향한 열정에 불을 붙이는 세 번째 방법은 그들의 필요를 알아내서 채워주는 것이다. 어떤 사람들은 진짜 필요를 알기도 하지만 단지 필요를 느끼기만 하는 사람들도 있다. 물론 필요를 아는 사람에게 필요를 채우는 것은 쉽지만 필요를 느끼기만 하는 사람의 필요를 채우는 것은 쉽지가 않다. 그러나 우리는 그 필요를 알아내고 채우기 위해서 희생을 감수해야 한다.

몇 해 전에 나는 청소년 체육회에 참여했다. 나는 그 위원회의 위원장에게 전도를 하고 싶었기 때문에 그의 필요를 어떻게 채워줄 수 있을지에 대해서 주의 깊게 살펴보았다. 그의 책임과 관련된 필요는 분명히 눈에 보였다. 그러나 나는 계속해서 좀 더 개인적으로 섬길 기회를 찾았다.

2년 동안 친구가 되기 위해서 노력하던 중 그의 어머니께서 돌아가셨다. 그런데 그의 아내가 3주일 후에야 내게 말을 해주었다. "어머니

장례식을 주관해 달라고 전화를 할뻔 했었어요." 기회를 놓친 것이다. 실망했지만 체념하지 않고 나는 계속해서 섬길 기회를 찾았다. 2년 뒤 그의 아버지께서 돌아가셨다. 이번에는 그가 내게 전화를 했다! 나는 그의 아버지의 장례식을 주관하고 우리 관계를 더욱 공고히 했다.

그 후 또 2년이 지나갔다. 그동안 개인적인 필요와 위원회의 일로 인한 필요에서 좀 더 필요를 채워줄 기회들이 있었다. 그리고 중요한 결혼 관계상의 문제가 발생했다. 그는 전화를 걸어왔다. "제프, 오늘 정말로 친구가 필요해." 몇 분 뒤 나는 그의 집에 있었고, 마침내 진짜 사역의 문이 열렸다. 거의 6년 동안 나는 좀 더 깊은 수준의 사역의 기회가 오기를 계속 희망하면서 실제적인 방법으로 그를 섬겼다. 그리고 마침내 그런 기회가 온 것이다.

이 사람과 그 가족을 향한 열정은 내가 한 투자에 의해서 생긴 것이다. 한 사람을 위해서 6년 동안을 투자하고 나면 그 사람을 향해 깊은 감정을 갖게 된다.

쏟아부어라

끝으로 지속적인 열정은 우리가 인도하는 사람들을 진짜로 포용할 때 생긴다. 어떤 사람들은 늘 한쪽 눈으로 좀 더 나은 초장이 있는 곳을 바라본다. 끊임없이 다른 교회로 옮겨갈 기회를 찾는 목사를 본 적이 있다. 만약 모든 가능성을 차단하고 자기가 섬기는 교회에 모든 감정을 다 쏟아 붓는다면 그의 필요가 채워지지 않았을까? 하는 생각이 든다. 정말 그랬을 것이다.

아내와 나는 결혼할 때 이혼이라는 말은 입 밖에도 내지 말자고 약속했다. 결혼 초기에 어려운 시간도 있었지만 - 그렇지 않은 부부가 어디에 있겠는가 - 다른 선택 가능성이 없다는 사실이 나로 하여금 서로 좀 더 행복하게 살도록 노력하지 않을 수 없게 했다. 우리는 갈등을 해소하고 결혼을 건축하지 않을 수 없었다. 당신이 어떤 관계에 온전히 헌신할 때 무언가 심오한 일이 일어난다. 그 사람과 설명할 수 없는 깊이로 감정적으로 연결된다. 이것이 바로 열정이다. 열정은 헌신이라는 온실에서 자라난다.

처음 목사직을 맡았을 때 크리스마스 이브에 성찬식 예배를 드렸다. 늦은 오후부터 저녁까지 집사님 한 분이 성찬을 나누어 주었다. 나는 때로 희미한 불이 켜진 교회 뒷자리에 앉아서 교회 회원들이 삼삼오오 무리를 지어 와서 성찬에 참여하는 것을 지켜보았다. 감동적인 시간이었다.

그때 그 전 해에 있었던 일이 떠올랐다. 예수님을 믿은 후 첫 크리스마스를 맞은 성도들, 우리 교회의 사역을 통해서 위기에서 벗어난 가족들, 선교나 여러 사역에 헌신한 십대 청소년들, 최근에 남편이나 아내를 잃은 사람들, 첫 아이의 출산을 앞두고 있는 임산부들 … 모두 내가 목사가 된 것이 얼마나 큰 특권인지를 상기시켜 주었다. 예수님의 양떼를 돌보는 목자가 된다는 것은 얼마나 놀라운 하나님의 선물인가!

당신이 좀 더 깊은 열정을 느끼기 원한다면 그들에게 헌신하고 아낌없이 쏟아 부어야 한다. 시계를 쳐다보면서 시간을 계산하지 말자. 감정적으로 그들에게 온전히 주어야 한다. 뒤로 물러나서 좀 더 나은 거래를 찾지 말자. 당신이 현재 책임지고 있는 제단 앞에 당신의 미래의 꿈을 희생하라. 당신이 현재 책임지고 있는 사람들에게 온전히 헌신하라. 그렇게 할 때 깊은 곳에서 열정이 솟아날 것이다.

이러한 사람을 포용하는 전략을 생각할 때 이런 시를 생각하면 좋을 것이다.

사람들을 있는 그대로 받아들여라(accept people as they are).
그들의 자리에서 만나라(relate to people on their terms).
사람들의 필요를 채워라(meet the needs of people).
아낌없이 섬겨라(serve people with abandon).

당신의 팔(ARMS)로 사람들을 안으라. 그들을 당신의 마음에 받아들이고 당신을 따르는 사람들과 감정적인 유대를 발전시켜라. 사역은 직업적인 책임이 아니라 직업적인 관계다.

안식

> 일주일에 하루를 쉬는 목적은 아무것도 하지 않는 것이 아니라 속도를 늦추고 일에서 오는 압박으로부터 감정적으로 벗어나는 것이다.

당신은 이렇게 말할지도 모른다. "이보세요. 사람들은 내게 새로운 열정을 주기는커녕 나를 맥빠지게 한다고요!" 사실 나도 그렇다. 그렇다면 어떻게 사람들을 포용하는 것이 지속된 열정을 가져올 수 있을까? 그것은 관계에 자신을 온전히 헌신하는 것과 또 한 가지 열정의 근원과의 사이에서 균형을 잡을 때 가능하다. 그 근원은 의도적으로 쉬는 것이다.

예수님은 사람들과 함께 있는 본보기만 보이시지 않았다. 예수님은 사람들과 떨어져 있는 모범도 보이셨다. 복음 전체를 통해서 예수님은 의도적인 안식의 모범을 보이셨다. 예수님은 기도 수양회를 가셨다. 때로는 혼자, 때로는 가장 가까운 친구들과 함께. 그리고 그는 잔치와 예배를 드리러도 가셨다. 예수님은 혼자 있는 것, 친구들과 함께 있는 것의 중요성을 알고 계셨고 사역과 안식을 통해 새 힘을 얻는 것, 그리고 그 사이에서 균형을 취하는 것의 중요성도 알고 계셨다.

많은 지도자들이 자신의 중요성에 대해 착각을 하고 있다. 한 친구의 표현에 따르면 사역자들은 "자기가 잘하고 있다는 착각과 없어서는 안 된다는 환상" 속에서 산다는 것이다. 당신은 어떤가? 만약 그렇다면 사역에서 물러나 쉬는 훈련을 아직 개발하지 못했을 가능성이 많다. 사람을 섬기는 것과 정기적으로 이러한 관계로부터 물러나는 것 사이에 적당한 균형을 유지함으로써 지속적인 열정을 가질 수 있다. 예수님이 그렇게 하셨고, 우리도 그렇게 할 수 있다.

| 일주일에 한 번씩 안식한다

하나님께서 법을 정하셨다. 6일간 일하고 하루를 쉬어라. 이 패턴을 따르는 것은 장기적으로 우리를 지탱해 준다. 사역자들은 대부분 에너지가 넘치고 열심이 있는 사람들이기 때문에 자신들은 이 원칙에서 예외인 것처럼 행동한다. 그러나 당신이 어떤 사람이든 절대로 예외가 아니다!

사역자들이 6일간 일하고 하루는 쉬는 이 간단한 패턴을 따르는 것이 왜 그렇게 어려울까? 사역자들의 일정은 예측이 불가능하고 불규칙하다. 다른 직장처럼 일주일의 일이 정해져 있지 않다. 또한 많은 사역자들이 사람들을 기쁘게 해주기를 바라는 사람들이다. 그래서 자기의 시간을 필요로 하는 모든 요구에 기꺼이 응답한다. 대부분의 사역자들은 자기의 일을 좋아하며 과도하게 헌신하지 않을 수 없다. 사역은 만족을 주며 재미도 있다. 부정적인 면을 보자면 어떤 사역자들은 자기의 감정적 심리적 필요를 일을 통해서 채우려고 한다. 이런 사역자들은 일중독자들이며 이 중독에서 벗어나려면 도움이 필요하다.

대부분의 경우 해답은 그저 단순히 일주일에 7일을 일하지 않겠다는 결정을 하는 것이다. 그러기 위해서는 의도적인 계획과 이를 지키겠다는 확고한 결심이 필요하다. 20년 이상 나는 일주일에 하루는 사역을 하지 않고 쉬었다. 이 결정은 쉽지 않았다. 나도 일중독의 경향이 있었고, 또 나를 사역에 매달리게 하는 다른 문제들도 있었다. 하지만 아내와 교회의 지도자들이 정기적으로 일주일에 하루를 쉴 것을 강력히 주장했다.

우리가 어떻게 이것을 지키고 해왔는지 궁금할 것이다. 우리 부부는 그냥 단순히 그렇게 결정을 하고 그렇게 했다. 몇 해 동안은 목요일에 쉬었다. 우리 아이들이 성장하면서 날짜는 토요일로 바뀌었다. 그후 교회 사역을 그만두고 주말에 여행을 해야 하는 일이 생길 때에는 금요일을 쉬는 날로 정했다. 이십 년 이상 우리는 일주일에 하루를 정해서 쉬고 다시 초점을 맞추고 삶을 재조정 해왔다.

안식일을 지키는 것에 대해 우리는 율법적이거나 완벽하려고 하지 않는다. 평균을 내보면 일 년에 45일 정도를 쉬어 왔다. 모든 사역자들이 그렇듯이 우리의 시간표도 어쩔 수 없는 경우에는 바뀔 수밖에 없다. 긴급한 사태가 발생하거나 특별한 행사가 있거나 여행을 해야 하는 경우에는 계획을 변경한다. 하지만 관점을 바꿔서 보면 이십여 년간 매년 평균 45주 동안 매주 하루씩 전화나 설교 준비, 상담, 방문, 교역자 회의, 이메일 쓰기 없이 지낸 것이다.

아직 이렇게 하지 않고 있는 사람들은 이렇게 해보기를 권한다. 일 년 사역 계획표를 짜고 매주 하루씩을 비운다 – 일정한 날을 정하는 것이 좋다. 예외를 허용하지 않는 것을 원칙으로 해야 한다 – 물론 불가피한 상황이 생기는 것은 어쩔 수 없지만. 그날이 되면 핸드폰을 끄고 이메일을 열어보지 마라. 사무실에 나가지 말고 집에서 자동응답기를 통해서 오는 전화를 살펴보라. 비서나 교역자들이 있는 경우에는 그들에게 진짜 응급상황이 아니면 전화를 하지 말라고 부탁한다. 그리고 진짜 응급상황이란 무엇인지 말해주어야 한다! 교회 지하실의 수도관이 터진 것은 담임 목사가 알아야 하는 응급사태가 아니다. 교회 성도가 죽은 것은 물론 응급사태다.

집이 교회나 사무실에서 너무 가깝다면 그날은 집을 떠나서 지내는 것도 좋은 방법이다.

쉬는 날 할 일과 하지 않는 일에 대해서 너무 율법적일 필요는 없다. 하면 안 되는 유일한 일은 사역과 관련된 일이다. 우리 부부는 때로 아무엇도 하지 않거나 물건을 사러 가거나 영화를 보거나, 밖에서 점심을 사먹거나, 하루 종일 독서를 하며 시간을 보내거나, 뭔가 공작을 하거나, 집안에 고쳐야 할 것들을 수리하거나 그밖에 우리가 좋아하는 일을 한다. 일주일에 하루를 쉬는 목적은 아무것도 하지 않는 것이 아니라 속도를 늦추고 일에서 오는 압박으로부터 감정적으로 벗어나는 것이다.

| 수양회를 간다

지도자들은 때로 하루 이상 떠날 필요가 있다. 스스로를 재충전하기 위해서 여러 날 수양회를 가질 필요가 있다. 이 수양회는 여러 가지 형태를 띨 수 있으며 이를 통해서 미래의 사역을 준비할 수도 있다.

개인의 수양회는 기도 수양회, 혹은 콘퍼런스나 결혼 수양회에 혼자서나 또는 부부가 같이 참여하는 것, 연구 수양회 등등을 포함한다. 어떤 목사님들은 한 해의 설교 계획을 짜기 위해서, 혹은 중요한 전략들을 개발하기 위해서 혼자서 수양회를 가기도 한다. 이런 모든 개인적인 수양회는 쉬는 기회가 될 수 있다.

집단적인 수양회는 기도 수양회, 교역자 수양회, 회의 참여, 교회 지도자들 간의 만남, 혹은 다른 교회나 기관에서 동일한 위치의 지도자들과 함께 하는 캠프나 여행이 될 수 있다.

이런 모든 경험이 중요한 의미를 갖는다. 사람들은 이런 모임을 통해서 "얻은" 바를 집으로 가져오는 노트의 두께로 평가하는 경향이 있다. 새로운 개념을 배우는 것도 도움이 되지만 매일의 일과에서 벗어나서 새로운 관점으로 보게 되는 것이 때로는 더 중요한 성과일 수 있다.

▎일 년에 한 번 휴가를 떠난다

헨리 포드는 경영자를 뽑는 인터뷰에서 그 전해에 어떻게 휴가를 보냈는지 지나가는 식으로 묻곤 했다. "회사일에 몰두하느라 휴가를 갈 짬이 없었다"고 대답하는 사람은 잘못된 답을 한 것이다. 헨리 포드는 52주가 아니라 50주에 일을 해낼 수 있도록 계획을 짤 수 없는 사람은 포드 자동차 회사에서 일할 자격이 없다고 생각했다. 적절한 휴가를 갖지 않는 것은 불합격 사유가 될 정도로 큰 잘못이었다.

교회 지도자들도 마찬가지이기를 바란다. 교회 지도자들은 해마다 2주 이상의 유급 휴가가 있음에도 사용하지 않는 경우가 많다. 얼마나 큰 낭비인가! 휴가를 받아 쉬는 것은 엄청난 특권이다. 휴식을 얻고, 가족들과 시간을 보내고, 앞으로의 사역을 위해 재충전할 수 있는 귀중한 기회다.

하지만 미국 문화의 흔한 오류를 범하지 않기를 바란다. 휴가를 "가능한 많은 땅을 밟고 할 수 있는 한 최대로 돈을 쓰는" 것으로 생각하는 사람들이 많다. 이런 휴가는 휴식을 주지 않는다. 여행은 재미있을 수 있지만 많은 곳을 다니면서 빚까지 진다면 스트레스를 덜어주기는커녕 오히려 가중될 뿐이다.

아이들이 아직 집에 있을 때 우리는 우리에게 맞는 휴가를 개발했다. 크리스마스 전후에 휴가를 받아서 그냥 집에서 쉬는 것이다. 휴대전화와 이메일을 끈 상태에서 가족들과의 시간을 즐겼다. 전통적인 크리스마스 행사-예를 들어 차를 타고 크리스마스 장식을 둘러보기-를 하며 아주 적은 돈으로 최대한 가족들만의 시간을 보냈다.

그 후에는 일 년에 한 번 가족 여행을 다녀왔다. 매번 잘 짜여진 여행을 다닌 것은 아니다. 그때그때 형편에 따라서 때로는 아주 간단한 여행을 했다. 중요한 것은 얼마나 먼 곳으로 여행을 가느냐가 아니라 일에서 감정적으로나 지적으로 얼마나 멀리 떨어져 있는가이다. 이런 식으로 우리 가족은 좋은 시간을 보냈다. 우리는 국립공원들을 둘러보고 멋진 모험과 재미있는 여행을 할 수 있었다. 중요한 휴일 전후에도 가족끼리의 시간을 갖는다. 이제 성인이 된 우리 아이들이 각자 가정을 꾸림에 따라 우리는 어떻게 휴가를 보낼지 새로운 방법을 모색하는 중이다.

휴가는 체력을 회복시켜 주고, 가족 간의 관계를 강화시키고 다시 일을 시작할 수 있게끔 해준다. 휴가에서 돌아왔는데 그 휴가에서 회복될 시간이 필요하다면 뭔가 잘못된 것이다. 계획을 조정하고 휴가의 특권을 잘 활용해서 효율적인 지도자가 되도록 해야 한다.

　사역을 향한 열정을 유지하는 것은 가능한 일이다. 나의 비전을 부숴놓으려고 했던 그 목사님처럼 되지 말자. 사람들을 끌어안고 우리의 관계성을 심화시키자. 우리가 섬기는 사람들에게 감정적으로 자신을 모두 쏟아 붓자. 하나님께 사람들을 있는 그대로 볼 수 있는 눈을 달라고 간구하자.
　그리고 때로 모든 사람들로부터 완전히 물러나서 휴식을 취하자. 두 가지 훈련, 사람들의 삶에 뛰어드는 것과 사역의 관계들로부터 물러나는 것 모두를 배움으로써 미래의 사역을 위해 재충전을 할 수 있다. 이것은 모순이 아니라 감정적인 건강, 지치지 않는 헌신 그리고 일생에 걸친 사역을 지탱시켜 주는 깊은 열정을 가져다주는 건강한 사이클이다.

11장

예수님의 성품을 향해 나아가기

성공하는 리더의
9가지 성품

이 책은 마침표가 아니라 쉼표로 끝난다. 성품을 향한 추구는 평생 지속되는 과제이다. 예수님과 완전히 같아졌다고 주장할 수 있는 지도자는 한 명도 없다. 만약에 그렇게 말한다면 교만한 것이고, 결국은 자기 말을 부정하는 셈이 된다. 우리는 예수님처럼 변화되는 여정에 있으며 이 여행은 예수님의 얼굴을 맞대고 볼 수 있을 때까지 끝나지 않을 것이다. 그리고 마침내 "우리는 변화될 것이다"(고전 15:51).

그때까지 인격의 성장을 우리의 우선순위로 삼아야 한다. 현대사회는 너무 바쁘게 빨리 돌아가므로 묵상이나 명상을 할 시간을 주지 않는다. 우리는 어떤 사람이 되기보다는 무언가를 하라고 부추김을 받는다. 사람들은 지도자들이 무언가를 이루기를 바라며, 우리는 그에 따른다. 하지만 현명한 지도자들은 하나님의 시각으로 자신의 역할을 바라본다. 현명한 지도자들은 하나님의 첫 번째 목표는 우리 안에서 예수님의 형상을 만드시는 것임을 안다. 그는 우리를 통해 하나님의 나라를 확장하는 동시에 우리를 다듬는 일을 하신다. 위대하시고 전지전능하신 아버지만이 이 두 가지 일을 멋지게 이루실 수 있다.

한 분의 청중

하나님께서는 지치지 않고 그의 자녀들 안에 예수님의 형상을 만드는 일을 하신다. 하나님께 협력하는 것은 당신의 삶을 단순화하고 그 과정을 즐기는 확실한 길이다.

힘들겠지만 여러 가지 해야 할 일이 있고 많은 기대가 있지만 하나님과의 관계에 최우선을 두라는 것이다. 바울도 초대 교회 지도자로서 같은 문제에 봉착했다. 고린도 교회는 유명한 지도자들을 지나치게 중요시함으로써 생긴 분파의 문제를 가지고 있었다(고전 3:1-7). 바울은 이렇게 썼다. "너희에게나 다른 사람에게나 판단 받는 것이 내게는 매우 작은 일이라. 나도 나를 판단하지 아니하노니 내가 자책할 아무 것도 깨닫지 못하나 이로 말미암아 의롭다 함을 얻지 못하노라. 다만 나를 심판하실 이는 주시니라"(고전 4:3-4).

바울은 교회 지도자들이 기쁘게 하려고 애쓰는 평가자들을 세 범주로 나누었다. 첫째로 그는 교회의 회원들이 자기를 어떻게 평가하는지에 대해 그다지 개의치 않았다 – 여기서 너희는 고린도의 기독교인들을 가리킨다. 둘째로 공중의 평가를 중요시하지 않았다 – "공중의 평가"란 공적인 재판을 말한다. 끝으로 자기 자신의 평가를 신뢰하지 않았다. 스스로의 생각에 긍정적이거나 최소한 자책할 것을 찾지 못할지라도.

이 세 종류의 평가자들은 지금도 대부분의 기독교 지도자들이 어려움을 겪는 상대들이다. 우리는 교회 회원들이 우리를 어떻게 볼지 걱정한다. 그들의 반응은 교회의 성장에서 우리의 급여에 이르기까지 많은 영역에서 차이를 가져온다. 대중의 반응도 중요하다. 우리는 사회의 지도자들로부터 비판을 받거나 대중매체에서 불공정한 평가를 받기를 원하지 않는다.

자신을 정직하게 평가하는 것도 어려운 문제이다. 상황이 어려울 때 대부분의 사람들은 자신에 대해 지나치게 엄한 경향이 있다. 게다가 상황이 잘 풀릴 때는 자신의 공로를 인정하지 않음으로써 더욱 자기를 평가절하한다. 대부분의 지도자들은 자아도취나 자만에 빠질까 무서워 자신의 장점을 인정하지 않는다. 물론 때로 자신의 지위와 성과에 도취되어 교만해지는 지도자들도 있다. 그러나 솔직히 말해서 그런 경우는 그렇게 흔하지 않다. 대부분의 기독교 지도자들은 자신의 연약함과 죄 된 습성을 잘 알고 있기 때문이다. 대부분의 지도자들은 자화자찬보다는 자기비판의 오류에 더 많이 빠진다.

이 세 가지 부류, 즉 교회 회원, 사회 그리고 자기 자신 모두 다 부적합한 평가자들이다. 바울은 이렇게 결론을 짓는다. "나를 심판하실 이는 주시니라." 이것이 우리의 결론이 되어야 한다. 우리는 단 한 명의 청중이라도 그를 위해서 살기로 결단해야 한다. 그렇게 함으로써 우리는 지도자로서 성과를 내야 한다는 압박에서 자유로울 수 있고 지도자가 되는 일에 힘쓸 수 있다. 하나님께서 우리를 어떻게 보시는가에 초점을 맞출 때 사람들의 시선이라는 폭군으로부터 자유로울 수 있다.

모든 지도자들에게는 또한 지도를 할 책임이 있다. 한 분의 청중을 기쁘시게 하는 데 초점을 맞춘다고 해서 사람들의 기대가 없어지지는 않지만 그 기대라는 폭군으로부터 자유로워질 수는 있다.

문제는 우리가 무엇에 의해 통제되는가 하는 것이다. 우리가 다른 사람들의 기대에 의해 움직일 것인지, 하나님께서 우리 안에서 하시는 일에 의해서 움직일 것인지 그것이 문제다. 하나님을 위해서 무언가를 하는 데 초점을 맞출 것인가? 아니면 하나님께서 우리 안에서 하시는 일에 초점을 맞출 것인가? 우리가 이룩한 조직을 가지고 성공을 측정할 것인가? 아니면 우리 내면에 형성된 인격을 가지고 측정할 것인가?

중요한 것은 이들 사이에 균형을 유지하는 것이다. 지도자들은 사람들을 섬기고 하나님을 섬기며 조직을 건설한다. 우리가 이런 일들을 해야 한다는 것은 의문의 여지가 없다. 책임을 회피하는 것은 진정한 지도자의 태도가 아니다. 그러나 중요한 것은 지도자로서의 활동이 하나님께서 지도자를 형성하시는 일의 궁극적인 척도가 아니라는 것이다. 우리의 궁극적인 초점은 우리 안에 예수님의 형상을 이루기 원하시는 하나님의 목적에 두어야 한다.

대개 하나님을 궁극적인 심판자로 인정하는 말은 "네가 지금 바로 잡지 않으면 하나님께서 바로잡으실 것이다"라는 경고로 끝난다. 하지만 바울은 그렇게 말하지 않는다. 바울의 결론은 "그 때에 각 사람에게 하나님으로부터 칭찬이 있으리라"(고전 4:5)는 것이다.

이 말씀을 믿는가? 마지막 때가 오고 지도자로서의 당신의 삶이 평가될 때 비판을 받을 것 같은가? 아니면 칭찬을 들을 것 같은가? 대부분의 사람들은 비판을 들을 것이라고 생각한다. 그러나 우리 행위에 책임을 지는 것은 일괄적으로 비판을 받는 것을 의미하지 않는다. 그것은 또한 하나님께서 그리스도 안에서의 우리의 성장을 인정하시고 하나님의 왕국을 위해 우리가 한 선한 일들을 인정하시는 것을 의미한다. 이런 것들은 칭찬을 받을 것이다. 당신은 하나님께로부터 당신의 당신 됨과 하나님을 위해 한 일로 인해서 칭찬을 받을 것이다.

내가 할 일은 무엇인가?

우리가 할 일은 더욱 예수님의 형상으로 성장하는 것이다. 이 책을 쓰는 동안 나의 인격상의 결함을 드러내는 두 가지 문제가 새로 생겼다. 나는 이러한 결함을 고치기 위해서 의도적으로 노력해야 한다. 첫 번째 결함은 기존의 습관을 버리고 새로운 습관을 형성함으로써 즉각적으로 고칠 수 있는 것이다. 그러나 두 번째 문제를 해결하기 위해서는 더 긴 시간이 필요하다. 하나님께서는 내게 새로운 방식으로 성장하지 않으면 안 될 상황을 허락하셨다. 나의 첫 반응은 며칠 동안 하나님 아버지께 - 그리고 내 동료들에게 - 인생이 불공평하다고 불평과 불만을 터뜨리는 것이었다. 하지만 요셉의 원리가 다시 생각나면서 다시 한 번 하나님께서 나를 성장시키시기 위해서 내가 어찌할 수 없는 상황을 허락하신 것을 깨닫게 된다.

당신이 할 일은 무엇인가?

당신이 할 일은 인격의 형성을 위한 개인적인 행동 계획을 만드는 것이다. 이 계획은 성공을 기대하면서 수립해야 한다. 하나님께서는 이미 당신 안에 그리스도의 형상을 만드는 일을 하고 계신다. 그런데 왜 그 일이 실패할 것이라고 생각한단 말인가? 왜 그 과정이 지루할 것이라고 생각하는가? 하나님이 당신의 동맹자이시고 하나님은 당신이 그리스도 안에서 변화된 모습과 하나님의 나라를 위해 한 일에 대해 풍성한 상을 주실 것이다.

이 책의 각 장에는 인격 개발에 도움이 되는 특별한 방법과 전략들을 소개했다. 자신에게 가장 긴급한 항목을 찾아서 변화를 촉진할 수 있는 전략을 세우기 바란다. 그렇게 한다면 시간이 지남에 따라서 엄청난 변화를 기대할 수 있다. 인격은 급작스럽게 형성되는 것이 아님을 기억해야 한다. 습관은 하루아침에 변하지 않는다. 인내심을 가지고 꾸준히 전진하라.

처음에는 한두 영역을 선택해야 한다. 예를 들면 규율이나 용기의 방면에서 좀 더 변화하기를 원할 수 있다. 또 어떤 사람에게는 도덕적 순수함이나 섬김이 당면한 문제일 수 있다. 혹시 "나는 이 모든 부분에서 다 변화해야 하는데"라고 생각하는 사람도 있을 것이다. 그러나 모든 전선에서 공격을 가하다가는 압도당하는 수가 있다. 한 영역을 선택해서 한동안은 그 문제에 집중하는 것이 좋다. 그리고 다시 다른 영역을 선택해서 그 방면에서의 변화에 힘쓰라. 이 과정은 몇 달이나 며칠이 아니라 몇 년에 걸쳐서 이루어지므로 그에 맞게 계획을 세워야 한다.

이 모든 것에는 시간이 걸린다. 내가 이러한 원칙들과 원리를 개발하는 데 거의 이십 년의 세월이 걸렸다. 그 중 대부분은 나 자신의 실패를 통해서 어렵게 배운 것들이다. 여기에 쓴 것을 다 그대로 따라하는 것은 불가능하다. 그렇게 하려고 한다면 좌절이 따를 것이다. 맹목적으로 특정한 행동을 따라 한다든지 이 과정을 지도력 양성의 공식으로 단순화하는 것 역시 나의 취지와는 거리가 멀다. 내 경험들 중에는 아무리 신중하게 따라 하더라도 도움이 되지 않는 것도 있을 것이다. 나의 경험을 단순히 따르기보다는 어떻게 당신의 상황에 적용할 수 있는지를 하나님께 여쭈어 보아야 한다.

끝으로 하나님께서 당신의 인격을 형성하시기 위해서 어떻게 끊임없이 일하고 계신가에 늘 주의를 기울이기 바란다. 하나님께서는 말씀과 상황을 통해서 일하신다. 하나님께서는 당신이 어찌할 수 없는 사건을 통해서 일하신다. 하나님께서는 또한 당신이 인격의 개발을 위해서 고안해 낸 프로젝트와 행동들을 통해서 일하신다. 하나님께서 당신이 자신과 인생과 사역에 대해 갖기를 원하시는 통찰력의 깊이를 발견하는 분별을 연습하라.

우리 안에 예수님의 형상을 이루는 일은 평생에 걸친 과정이다. 하나님은 느린 것 같지만 확실한 진보를 이루신다. 하나님께서는 지치지 않고 그의 자녀들 안에 예수님의 형상을 만드는 일을 하신다. 하나님께 협력하는 것은 당신의 삶을 단순화하고 그 과정을 즐기는 확실한 길이다.

예수님의 형상으로 재창조되는 과정은 결코 끝나지 않는다!